공산 폭정에 맞선 투쟁

공산 폭정에 맞서 싸우다 희생된
홍콩의 젊은 청년들과 시민들 그리고 유가족들에게
심심한 위로를 드립니다.

FIGHTING AGAINST TYRANNY

공산 폭정에 맞선 투쟁

AGNI WOO

애그니 우 / 필립 우

면책조항 및 감사의 말씀

이 책은 홍콩의 자선 단체인 **중화선교기독교회(Christian Church of Chinese Mission)**에서 발행하였습니다.

이 책은 반(反) 범죄인 인도 법안 개정(Extradition Law Amendment Bill) 운동의 전개 과정을 온전히 기록할 뿐만 아니라, 필요할 경우 국제형사재판소(International Criminal Court, ICC)및 **글로벌 마그니츠키 인권 책임법(Global Magnitsky Human Rights Accountability Act)**의 요구에 따라 법정 증거로도 활용될 것입니다.

책 판매 수익은 제작비를 제외한 전액을 International Tin Lang Ministry Limited에 기부하여 인도적 지원 활동을 돕는 데 사용될 것입니다.

또한, 참고 사진을 제공해 주신 분들께 진심으로 감사드립니다.

책 속 이미지나 인물의 유사성은 전적으로 우연임을 밝힙니다.

중화선교기독교회(Christian Church of Chinese Mission)
자선 단체

When Tyranny is a fact
Resistance become duty
폭정이 사실일 때
저항이 의무가 되다

책 소개

　《공산 폭정에 맞선 투쟁》은 2019년 2월부터 12월까지 일어난 **반(反)범죄인 인도법 개정안 운동(Anti-ELAB Movement)**을 다룬 책입니다. 우리는 이 운동이 아직 끝나지 않았음을 알고 있으며, 따라서 2020년 이후의 전개를 다룬 또 다른 책을 집필할 계획입니다.

　이 책은 이 운동의 진실을 밝히는 것을 목표로 하고 있습니다. 독자 여러분의 피드백과 의견을 소중히 여기며, 후속작을 집필할 때 적극 반영할 것입니다.

　이 책에 담긴 모든 글과 사진은 폭정과 경찰의 폭력에 대한 고발입니다. 이는 부정할 수 없는 명백한 증거입니다.

　이 책은 우리의 집단적인 기억의 기록이 될 것입니다. 시대의 혁명을 목격한 이 책은 후대에 전할 수도 있고, 소장용으로 간직할 수도 있습니다. 단순히 읽는 것에 그치지 않고, 이 운동을 기억하고 기리기 위해 모든 분들이 한 권씩 소장하시길 권장합니다.

　하나님의 영광이 홍콩을 밝히시기를 기원합니다.

이 책은
반송법 개정안 운동에
참여한 모든 홍콩인들에게
헌정된 책입니다.

용감한 군대

목 차

서 문

내가 처음 반-ELAB 운동에 참여한 지 9개월이 지났다. 이 몇 달 동안 많은 변화가 있었다. 2월 첫 번째 집회에서는 남송 운동장에서 애드미럴티에 있는 중앙정부청사까지 1만 명이 참여했다. 하지만 내 예상보다 더 많은 사람들이 참여한 6월 9일 집회에서는 백만 명 이상이 같은 목표를 가지고 참여했다. 두 주 후, 그 수는 200만 명에 달했다! 불과 3개월 전의 숫자보다 200배 많았다니 놀라운 일이다! 같은 방식으로 박해를 받은 홍콩인들은 중국 공산당(CCP)에 맞서 싸워야 한다. 우리는 '다섯 가지 요구'를 가지고 있다. 우리는 중국 공산당에 법안을 철회하고 '1인 1표' 제도를 시행할 것을 요구한다.

이 혁명과 반-ELAB 운동에서 4개월 동안 200명 이상의 순교자가 목숨을 잃었고, 약 4천 명이 체포되었으며, 수많은 사람들이 부상을 입었다. 이 운동은 아직 끝나지 않았다. 우리는 그 끝이 무엇일지 모르지만, 우리가 원하는 것은 오직 홍콩의 자유이다. 홍콩인들이여, 힘내라! 자신을 믿고 우리는 곧 입법회에서 만날 것이다!

10월에 송환법 개정안이 철회되었지만, 경찰의 잔혹함은 여전히 계속되고 있다. 우리가 제시한 다섯 가지 요구 중 일부는 아직 충족되지 않았다. 우리가 간절히 원하는 독립적인 조사 위원회는 아직도 설립되지 않았다. 또한 우리는 경찰을 해체할 것을 요구한다. 경찰은 갱단과 협력하여 우리의 젊은이를 성폭행하고 살해했으며, 무차별적으로 대중을 해쳤다.

정부는 이 문제에 대해 우리에게 어떤 답변을 했는가? 그들은 어떻게 반응할 것인가? 중국 공산당(CCP)은 피비린내 나는 억압의 배후에 있는 세력이다. 중국 인민무장경찰(PAP)도 홍콩 경찰에 숨어들어 우리의 사람들을 성폭행하고 해쳤다. 우리의 분노는 저항하도록 촉구한다. 이 혁명은 홍콩만 해방시키는 것이 아니라, 중국도 해방시킬 것이다!

반-ELAB 운동은 반중국, 반잔혹 행위 운동으로 변했다. 우리는 이 혁명이 중국 사람들에게도 영감을 주기를 바란다. 우리 모두 함께 싸워서 중국 공산당을 몰아내고, 중국에 진정한 민주주의를 세우자. 이 시대의 혁명은 중국 공산당을 몰아내고 홍콩과 중국을 해방시킬 것이다. 팀워크로 꿈을 이루자.

나는 "공산 폭정에 맞선 투쟁"이라는 책을 이 슬픔과 분노 속에서, 질병 중에도 눈물을 흘리며 썼다. 내가 아프지만 수십 번의 행진, 집회, 시위에 여전히 참여했다. 나는 이 운동에 참여한 은발의 사람들 중 한 명이다. 젊은이들의 투쟁과 그들의 불굴의 정신은 우리에게 더 큰 희망을 준다. 나는 기독교인으로서 이 책의 저자이기 때문에 홍콩 교회의 참여에 대해 특별히 언급하고자 한다. 모든 교회가 이 운동에 참여한 것은 아니지만, 일부 교회가 참여한 것은 하나님이 시위자들의 편에 있음을 보여준다. 그동안 몇몇 목회자들이 최전선에 나가 어린이들을 보호하고 운동에 참여했다. 홍콩의 더 많은 사람들이 이 운동에 참여하게 되었고, 지난 5개월 동안 이 운동은 모두를 위한 운동이 되었다. 이제 더 이상 단절, 비난, 탓하지 않는다. 우리는 모두 홍콩의 미래를 위해 하나가 되었다. 시대의 혁명, 홍콩을 해방시키자!

나는 그동안 여러 개의 글을 썼지만, 책은 그리 많이 쓴 편이 아니다. "공산 폭정에 맞선 투쟁"은 내가 쓴 세 번째 책이다. 내가 마지막으로 쓴 책은 10년 전에 출판된 "재앙과 축복"이다. 내가 처음으로 출판한 책은 1999년에 나온 "오늘날의 중국을 이해하다"이다. 나는 이 책이 이 영광스러운 혁명의 기록이자 진실을 나타내는 선언이 되기를 바란다. 이 책은 영어로 처음 출판되어 전 세계가 이 운동의 목표와 목적을 이해할 수 있게 될 것이다. 또한, 귀를 막고 있는 교회와 신자들에게 다시 한 번 외친다. 이제 깨어날 때가 되었다! 유럽을 떠도는 공산주의의 유령과 손잡지 말라. 하나님과 함께하고, 정의와 진리를 지키며, 우리 국민을 위해 기도하자. 악에 협력하지 말고 하나님께 회개하라. 시위자들을 위해 기도하고 그들의 지원자가 되어라. 하나님께서 홍콩의 사람들을 축복하시기를. 하나님의 평화가 홍콩의 모든 사람들에게 임하시기를.

2019년 11월 4일
저자 애그니 우

서 문
(필립 람)

도덕 및 국가 교육(Moral and National Education) 도입 제안에 반감을 느끼고, 우산 운동(Umbrella Movement)을 경험한 후, 홍콩 시민들은 중국 공산당(CCP)이 단독으로 통제하는 '일국양제(一國兩制, One Country Two Systems)'에 대한 신뢰를 잃었습니다. 그럼에도 불구하고, 캐리 람(Carrie Lam) 정부는 여론을 무시한 채 2019년 6월 12일 '범죄인 인도 조례(Fugitive Offenders Ordinance) 및 형사 사법 공조 조례(Mutual Legal Assistance in Criminal Matters Ordinance)' 개정을 강행하려 했습니다.

우리는 이 법안이 '시진핑 황제(Emperor Xi)'의 생일(6월 15일)을 기념하는 선물로 계획된 것이 아닌가 의심할 수밖에 없었습니다. 그러나 이 시도는 오히려 홍콩 시민들을 각성시켰고, 2019년 6월 9일 100만 명 이상의 시민들이 거리로 나서게 했습니다.

6월 12일, 홍콩 경찰이 민주화 시위대에게 첫 번째 최루탄을 발포하자, 분노한 200만 명의 홍콩 시민들이 6월 16일 사상 최대 규모의 시위에 참여했습니다. 그러나 이러한 거대한 장면과 시민들의 분노는 회개할 줄 모르는 정부를 깨우지 못했습니다. 정부는 경찰력을 총동원하여 7·21 위안랑(元朗) 폭력 사태를 방관하고, 2019년 8월 31일 프린스 에드워드(Prince Edward) 역에서의 경찰 폭력 사건에 가담했습니다. 이와 같은 정부의 행태는 전 세계를 충격에 빠뜨렸습니다.

오늘날 홍콩은 홍콩 시민들과 캐리 람이 이끄는 잔혹한 정권, 그리고 CCP 간의 전장이 되었습니다. 이 상황은 홍콩 시민들에게 걱정과 두려움만을 남길 뿐입니다. 필립 우(Philip Woo)가 집필한 *폭정에 맞선 투쟁(Fighting Against Tyranny)*은 이러한 진실을 기록한 책으로, 홍콩 시위의 모든 사실과 세부 사항을 밝히고 있습니다. 이 책을 통해 전 세계가 홍콩에서 벌어지고 있는 비극을 더욱 잘 이해하고, 우리의 혁명을 지지하며 홍콩의 해방을 위해 도움의 손길을 내밀어 주기를 바랍니다.

2019년 12월 3일
필립 람

서 문

(하위 영)

2019년에 시작된 반-ELAB 운동은 홍콩 역사상 최대 규모의 반정부 시위로, 홍콩이 무역항으로 개항한 이래 가장 큰 규모의 시위입니다. 아무도 이 운동의 끝을 예측할 수 없지만, 저는 하나님께서 정의를 지키시고 최종적인 판결을 내리실 것이라고 확신합니다. 흥미로운 질문은 이 혁명 역사에서 교회의 역할이 무엇인가 하는 점입니다. 6월에 이 운동이 시작된 이후, 일부 목사와 신자들이 폭동 진압대 앞에서 'Sing Hallelujah To The Lord'를 부르며 큰 찬사를 받았습니다. 그러나 우리는 그들이 찬송가를 부른 사람들이 자신을 대표하는 것이지, 어떤 교회를 대표하는 것은 아니라는 점을 인식해야 합니다.

갈등이 격화되고 경찰의 폭력이 더욱 심해지면서 많은 목사와 신자들은 이 운동에서 멀어졌습니다. 대부분의 기독교인들에게 용감하게 싸우는 것은 성경적이지 않다고 여겨졌습니다. 우리는 중재자나 보호자가 되어야 할까요? 경찰의 폭력이라는 현실은 우리가 최전선에 서는 역할이 없음을 보여줍니다. 그래서 주말마다 시위가 있을 때, 일부 교회와 센터는 참가자들이 눈물가스를 피하거나 휴식을 취할 수 있도록 기꺼이 문을 열었습니다. 그럼에도 불구하고, 친중 매체의 비난을 받은 일부 교회는 자신들의 안전을 걱정하며 공개적으로 문을 여는 것을 주저했습니다.

기독교인들이 조직한 일부 당 모임에서는 수천 명이 참여한 적이 있습니다. 그러나 이러한 모임은 교회가 아니라 개인의 이름으로 조직된 것들이었습니다.

8월 31일 프린스 에드워드 역에서 비극이 발생한 이후, 찬인람과 저우츠록의 죽음처럼 많은 '자살 사건'들이 발생했습니다. 우리는 그들이 자살이 아닌 살해되었거나 죽임을 당했다고 믿습니다. 여러 기념 활동이 조직되었고, 기독교는 사후 생명에 대한 믿음을 바탕으로 역할을 했습니다. 아포스톨 미디어는 또한 더블 나인 페스티벌 동안 프린스 에드워드 역에서 기념 행사를 열어 사망자들에게 경의를 표했습니다. 흥미로운 점은 이 종교 활동도 금지되었고, 경찰은 오렌지 플랫(해산하라, 그렇지 않으면 발포하겠다)을 들고 눈물가스를 쏘았습니다.

각기 다른 정치적 입장을 가진 다양한 교단과 목사들이 서로 다른 목회서신, 연대 서명, 성명서를 발표하고, 목사들과의 회의를 조직하기도 했습니다. 대부분은 친정부적인 입장을 취하고 있습니다. 교단과 교회 지도자들의 이름으로 공식 발표된 이러한 성명서는 외부에서 많은 관심을 끌었고, 대부분의 사람들은 놀랐습니다. "교회 지도자들이 이렇게나 많은 폭정을 행사한 정부를 어떻게 지지할 수 있는가?"

저는 수년간 기독교 언론을 관찰해 온 바, 위에서 언급한 목사들과 시위에서 찬송가를 부른 신자들은 교회를 대표하는 것이 아니라 그들 자신을 대표하는 것에 불과하다고 생각합니다. 그런데 A부터 Z까지 모든 지도자들이 정부를 지지하고 대중을 지지하지 않는 모습을 보면 놀랍습니다.

사실을 직시하십시오. 대부분의 교단과 교회는 권력의 편에 서 있고, 일부는 안전을 위해 아무 말도 하지 않기로 선택합니다. 목소리를 내고 행동하는 이들은 드뭅니다. 저는 "폭정에 맞선 투쟁"이라는 책이 이 위대한 혁명 역사를 기록한다는 소식을 들었을 때 전적으로 동의했습니다. 저는 이 책이 우리가 이 역사에서 해야 할 역할을 기록한 것이라고 믿습니다. 이는 하나님께서 인도하시는 방향입니다. 그래서 저는 필립 우의 초청을 받아 이 서문을 쓰기로 했습니다.

19

저에게 가장 의미 있는 장은 마지막 장, '반-ELAB에서 반-중국으로' 입니다. 이 제목에는 이유가 있습니다. 이 운동은 한때 잘못된 법에 반대하는 운동이었지만, 나중에는 전체주의적인 중국 공산당에 반대하고 홍콩을 해방시키는 운동으로 발전했습니다. 또한 이 운동은 인권을 억압하는 중국에 맞서 세계가 일어설 것을 촉구합니다. 이는 빛과 어둠, 자유와 억제 사이의 전쟁입니다. 기독교인으로서, 저는 하나님께서 우리를 최선의 결말로 인도하실 것이라고 믿습니다.

홍콩에 영광이 있을 것이며, 하나님께서 언제나 우리와 함께하시기를 기도합니다!

하위 영
(아포스톨 미디어 창립자)

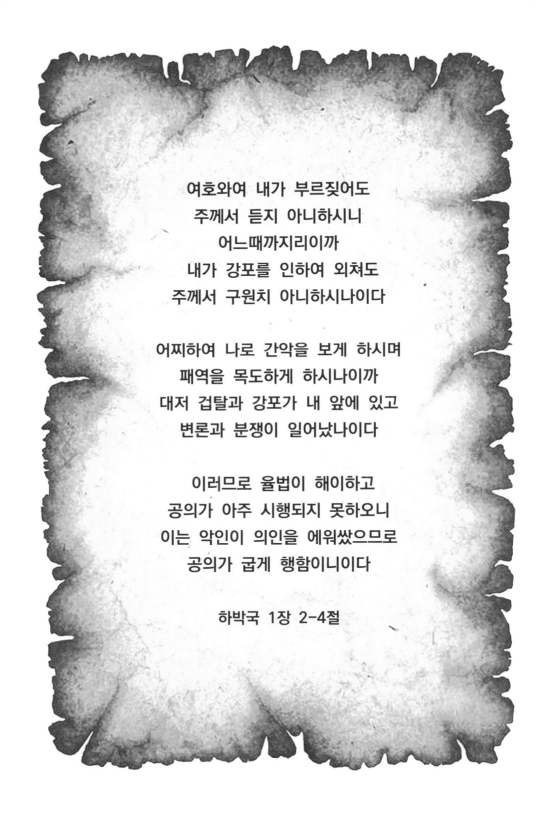

여호와여 내가 부르짖어도
주께서 듣지 아니하시니
어느때까지리이까
내가 강포를 인하여 외쳐도
주께서 구원치 아니하시나이다

어찌하여 나로 간악을 보게 하시며
패역을 목도하게 하시나이까
대저 겁탈과 강포가 내 앞에 있고
변론과 분쟁이 일어났나이다

이러므로 율법이 해이하고
공의가 아주 시행되지 못하오니
이는 악인이 의인을 에워쌌으므로
공의가 굽게 행함이니이다

하박국 1장 2-4절

1. 소개

2019년의 여름방학은 특별하고도 독특한 시간이었습니다. 홍콩이 무역항이 된 이래 가장 눈부시고 의미 있는 여름 활동이 펼쳐졌으며, 이 사건은 오늘날까지도 세계에 깊은 영향을 미치고 있습니다. 거의 모든 홍콩 시민이 이 운동에 참여했으며, 이는 해당 분야에서 세계 역사상 두 번째로 큰 규모를 기록한 사건이 되었습니다. 그 운동은 무엇일까요? 의심할 여지 없이, 반(反) 범죄인 인도 법안 개정(Extradition Law Amendment Bill) 운동입니다.

이 운동은 무엇 때문에 시작되었을까요? 모든 것은 홍콩 행정장관 캐리 람(Carrie Lam)과 그녀의 측근들이 한 살인 용의자를 대만으로 송환하여 재판받게 할 해결책을 찾으려 하면서 시작되었습니다. 여러 가지 대안이 있었음에도 불구하고, 그들은 범죄인 인도 법 개정안을 제안했습니다. 이 개정안은 중국 본토로의 범죄인 인도를 허용하는 내용을 담고 있었고, 이는 홍콩 시민들에게 큰 불안과 우려를 불러일으켰습니다.

중국 공산당(CCP)이 중국의 유일한 집권당이라는 것은 누구나 아는 사실입니다. 오랜 기간 동안 중국은 공산당의 지배 아래 있었으며, 사법 독립이란 존재한 적이 없었습니다. 최근 몇 년간 중국 정부는 법을 내세워 인권 변호사를 포함한 반체제 인사들을 체포하고 탄압해왔습니다. 그들은 법과 절차를 자의적으로 남용하여 정치적 목적을 달성해 왔습니다.

중국 공산당(CCP)의 법 집행 방식은 인권 변호사들을 체포하고 홍콩 코즈웨이 베이 북스(Causeway Bay Books)의 다섯 명의 주주와 상점을 무차별적으로, 불법적으로 납치하는 사건을 통해 드러난다. 코즈웨이 베이 북스의 소유주인 구이 민하이(Gui Minhai)는 여전히 중국 본토에 구금되어 있다.

이 외에도, 홍콩 내 수많은 사업가들이 중국 공산당에 의해 불법적으로 납치되었으며, 대표적으로 샤오젠화(Xiao Jian-hua)와 류시융(Liu Xi-yong)이 있다. 류시융은 법정에 출석한 날, 과거 잔혹한 고문을 받았기 때문에 사망한 것으로 알려졌다. 이러한 사건들은 빙산의 일각에 불과하며, 이와 유사한 사례들이 수도 없이 존재한다.

홍콩에서 망명을 원하는 많은 사람들이 정치적 또는 종교적 배경 때문에 중국 공산당의 표적이 된다. 우리는 모두 '일국양제(一國兩制, One Country, Two Systems)' 원칙 때문에 홍콩과 중국의 정치 체제가 근본적으로 다르다는 것을 알고 있다. 중국에서는 입법부와 사법부가 분리되어 작동하지 않지만, 홍콩에서는 사법 독립성이 홍콩 기본법(Basic Law)에 의해 헌법적으로 보장되어 있다.

이 때문에 홍콩에 머무르는 것이 중국보다 더 안전하다. 또한, 중국 법 집행 당국은 '일국양제'와 '기본법' 원칙에 따라 어떠한 국경 간 법 집행도 수행할 수 없다. 홍콩과 중국 본토의 사법 시스템은 상호 운용되지 않는다.

그러나 법안이 통과되면, 중국의 사법 체계가 홍콩에도 적용될 것이다. 이는 단순히 중국 법 집행 기관이 홍콩에서 사람들을 체포할 수 있다는 의미만이 아니다. 이는 우리가 오랫동안 유지해 온 홍콩 사법 체계가 근본적으로 변화한다는 것을 뜻한다.

홍콩 시민들의 개인 안전, 특히 홍콩에서 망명을 원하는 중국 본토 출신들의 안전은 심각한 위협을 받게 될 것이다. 더욱이, 해당 법안에는 소급 적용 기간이 명시되지 않았기 때문에, 중국 본토에서 과거에 '범죄'를 저질렀다면 언제든 기소될 수 있다.

개혁 개방 시기 동안, 일부 홍콩 시민들은 본토에서 공장을 설립하거나 투자하는 등의 사업을 진행했다. 전 세계적으로 알려진 사실이지만, 중국에서는 뇌물을 주지 않고 사업을 운영하는 것이 불가능하다. 만약 이 법안이 통과된다면, 이러한 사업가들은 돈세탁 및 부패 가담 혐의로 쉽게 기소될 수 있으며, 심지어 국가 권력 전복을 선동했다는 죄목으로도 기소될 수 있다.

홍콩을 가치 있고 독특하게 만드는 요소는 표현의 자유, 집회의 자유, 종교의 자유, 그리고 언론의 자유이다. 중국 공산당(CCP)의 통치하에서, 중국은 한 번도 표현, 종교, 언론의 자유를 누린 적이 없다. 만약 이 법안이 시행된다면, 공포는 현실이 될 것이며 우리는 더 이상 이러한 기본적인 자유를 누릴 수 없게 될 것이다.

우리 중 많은 사람들이 국가 권력 전복 선동 혐의로 기소되고, 평생 감금과 고문을 당할 수도 있다. 우리 모두 비참한 죽음을 맞이하게 될 것이며, 그 죽음은 '자살로 인한 사망' 혹은 '암으로 인한 사망'으로 위장될 것이다. 위에서 언급한 모든 것은 홍콩 시민들이 두려워하는 것이며, 우리는 절대 이러한 일이 벌어지는 것을 원하지 않는다.

음, 모두가 그 법안 이후 두려움 속에서 살아왔지만, 캐리 람은 어떤가? 그녀는 알고 있을까? 그녀는 정말 알고 있기는 할까?

2. 배경

2018년 12월 18일, 대만 타 이베이 지방검찰청은 홍콩 출 신의 찬통카이를 그의 여자친 구 푼효잉을 2018년 2월 타이베 이에서 살해한 혐의로 공식적으 로 지명수배했습니다. 그러나 홍콩과 대만 사이에는 범죄인

찬통카이와 푼효잉

인도 조약이 없었기 때문에, 그는 대만으로 송환되어 재판을 받지 못했습 니다. 2019년 2월 12일, 홍콩 입법회의 의원들과 푼의 어머니는 기자회 견을 열어, 홍콩 정부가 법을 신속히 개정하여 법적 허점을 막을 것을 요 구했습니다.

그로 인해 2019년 2월 13일, 홍콩 정부는 범죄인 인도조례 및 형사사 법 공조 조례 개정을 공식적으로 제안했습니다. 이 법안을 통해 대만, 마 카오, 중국 본토와의 범죄인 인도에 대한 제한을 제거하겠다고 밝혔습니다. 2019년 2월 21일, 대만 본토문제위원회는 '하나의 중국' 정책을 이유로 홍콩 정부의 범죄인 인도법 개정 협상에 응하지 않겠다고 발표했습니다.

3월 4일, 홍콩 변호사협회는 정부가 공약을 어기고 있다고 비판하며, 중국 본토와의 범죄인 인도법 개정을 공공의견을 듣지 않고 진행한다고 주장했습니다. 3월 26일, 홍콩 정부는 처음으로 범죄인 인도조례 개정안 을 제시했으며, 이에는 세금 탈루, 기업법, 환경오염 등 9개의 범죄가 제 외될 것이라고 밝혔습니다.

라우룬훙씨

또한, 사업가 라우룬훙은 법률 검토를 위해 변호사를 선임하여 법 개정에 반대하는 소송을 제기했으나, 캐리람과 리카추는 개정안을 강력히 지지했습니다. 이 법안은 20일 간의 공청회 후 빠르게 통과되었고, 만약 승인되면 홍콩 행정장관은 새로운 '사례 기반' 방식을 통해 의회의 심사 없이 피고를 송환할 수 있게 됩니다. 이 법 개정안은 홍콩 사법부의 독립적 권한을 침해할 수 있다는 우려를 낳았으며, 홍콩 내에서 중국 공산당의 정치적 탄압 도구로 악용될 수 있다는 우려를 불러일으켰습니다.

홍콩 사람들은 중국에 대해 잘 알고 있습니다. 그곳은 제대로 된 사법 시스템이 없는 나라입니다. 중국은 일당 독재 체제로 지배되고 있으며, '인간의 지배'의 완벽한 예입니다. 특히 지난 10년 동안 정치적 억압이 여러 형태로 나타났습니다. 법은 그들이 항상 사람들을 억압하는 도구로 사용해왔습니다. 강제 퇴거가 그 대표적인 예이며, 시민권 변호사와 종교적 억압도 포함됩니다.

Causeway Bay Books와 관련된 리보(Lee Bo)와 궈밍하이(Gui Min-hai)의 납치 사건, 샤오젠화(Xiao Jian-hua)의 불법적인 해외 억제 등은 모두 법을 넘어서는 행동입니다. 중국은 자국민에게 항소할 권리를 주지 않았습니다. 경찰의 권력이 과도한 국가로서, 그들의 무차별적인 체포, 자의적인 유죄 판결, 범죄자에 대한 고문은 전 세계적으로 잘 알려져 있습니다.

홍콩은 중국과 가까운 곳에 있지만, 두 지역은 법률과 정치 시스템에서 매우 다릅니다. 홍콩은 한때 영국의 식민지였으며, 현재 홍콩특별행정구의 법률 시스템은 영미법 체계입니다. 홍콩은 '권력 분립'을 채택하고 있으며, 이는 행정, 입법, 사법의 독립성을 의미합니다. 홍콩의 사법부는 항상 공개적이고 독립적이며 투명합니다. 배심원 재판은 영미법 체계 아래에서 법정에서 동료들이 피고인을 심판하는 독특한 시스템입니다.

반면 중국에는 사법 독립이 없습니다. 그곳의 법은 정부의 목적을 위한 도구로 사용됩니다. 따라서 홍콩 사람들은 이 법안이 통과된다면 사법 시스템과 개인의 안전이 심각하게 영향을 받을 것이라고 두려워하고 있습니다. 홍콩이 오랫동안 의존해온 사법 시스템이 없다면, '일국양제'는 곧 사라질 것입니다.

입법회에서 법안의 첫 번째 독서가 통과되었지만, 캐리 람 행정장관은 여전히 두 번째와 세 번째 독서를 통과시키려 합니다. 친정부 성향의 의원들의 지원을 받아 법안을 통과시키는 것은 일도 아닙니다. 사업가 라우 룬훙(Lau Luen-hung)은 최초로 반대 의사를 표명했습니다. 그는 이 결과를 반박하려고 사법 심사를 신청했습니다. 그의 행동은 이유가 없지 않았습니다. 그는 한때 마카오에서 법을 위반하고 홍콩으로 돌아왔으며, 마카오 사법경찰에 의해 수배 중입니다. 만약 법안이 통과된다면, 그는 마카오로 송환되어 재판을 받을 수 있습니다.

캐리 람은 법안이 순식간에 통과되기를 원하며, 찬통카이(Chan Tong-kai)를 대만으로 송환하여 살인 사건을 처리하려고 합니다. 그러나 우리는 강력히 믿습니다. 수정안이 푼 히우잉(Poon Hiu-wing) 살인 사건을 처리하는 유일한 해결책이 아닙니다. 중국 본토로의 송환을 허용하는 것은 법안의 숨겨진 의도를 분명히 했으며, 이는 중요한 문제입니다. 이후 친중 진영에서 선출된 의원이 의장직을 맡았으며, 당시 송환법 개정안에 반대했던 토쿤순(TO Kun-sun)은 회의를 주재했으나, 후에 셰라이힘 (Shek Lai-him)으로 교체되어 개정안을 논의할 수 없었습니다.

이 카치우 홍콩 보안장관은 정부가 이 문제를 신속하게 처리하고 입법 회를 통해 개정안을 조속히 통과시킬 것을 촉구하고 있다고 주장하고 있지만, 대만 측은 홍콩 정부가 문제를 복잡하게 만들고 있으며, 간단한 해결책 대신 의심스럽고 복잡한 입법 개정을 채택했다고 비판하고 있습니다. 대륙법무위원회는 홍콩 측에 세 차례의 사법적 요청을 했지만, 홍콩은 이를 반응하지 않았다고 지적했습니다. 일부 홍콩 정부 관계자들은 범죄자 인도 문제에 대해 ECCPC와 THEC의 도움을 받았다고 주장했습니다. 대륙법무위원회는 앞으로 대만인이 홍콩을 여행하면 리밍처처럼 될 수 있다고 우려하며, 개정안이 홍콩에 거주하는 대만인을 위험에 빠뜨릴 수 있다고 강조했습니다. 그들은 또한 이 법안이 대만인이 홍콩에서 중국 본토로 인도될 위험이 있는 경우, 대만 정부는 이안을 허용하지 않을 것이며, 홍콩에 대한 여행 경고를 발령할 가능성도 있다고 경고했습니다. 또한 미국, 영국, 캐나다와 국제 상공회의소 및 기구들은 이 법안에 대해 우려를 표명하며, 법안이 해당 국가의 국민들이 중국 본토로 이송될 위험에 처하게 될 것이라고 염려하고 있습니다. 유럽연합은 홍콩 최고 행정장관에게 외교 메모를 보내는 등 총 67개의 성명이 외국에서 발송되었습니다.

이 법안에서 논란이 되는 부분은 중국 본토로의 송환을 허용하는 조항입니다. 홍콩 사람들은 잘 알듯이, 중국은 잘 구축된 사법 제도가 없는 곳입니다. 일당 독재 체제에 의해 지배되는 나라로 '인간의 법'이 지배하는 전형적인 예입니다. 지난 10년 동안 중국에서는 다양한 정도의 정치적 억압이 존재하며, 법은 항상 사람들을 억누르는 도구로 사용되었습니다. 강제 퇴거, 법조인 박해, 종교적 박해, 그리고 구이 민하이와 리보와 같은 인물들의 납치 사건 등은 모두 법의 영역을 넘은 불법적인 국경을 넘는 법 집행입니다. 중국은 국민들에게 항소할 권리를 주지 않으며, 경찰의 권한이 과도하고, 임의 체포, 불법 재판, 고문 등의 사건은 전 세계적으로 잘 알려져 있습니다.

홍콩은 중국 본토와 가까운 거리에 있지만, 정치와 사법 시스템에서 근본적으로 다른 시스템을 채택하고 있습니다. 홍콩은 과거 영국의 식민지였으며, 현재의 법률 시스템은 일반법 시스템을 따릅니다.

홍콩은 '권력 분립'을 채택하고 있으며, 이는 행정, 입법, 사법의 독립성을 의미합니다. 홍콩의 사법부는 항상 개방적이고 독립적이며 투명하게 운영되고 있습니다. 배심원 제도는 홍콩의 고유한 시스템입니다.

반면 중국에서는 사법 독립이 존재하지 않으며, 법은 정부의 목적을 위해 사용되는 도구일 뿐입니다. 그래서 홍콩 시민들은 이 법안이 통과되면 사법 시스템이 심각하게 영향을 받을 것이며, 우리의 개인 안전도 위협받을 것이라고 두려워하고 있습니다. 홍콩이 오랫동안 의존해온 사법 시스템이 없어지면 '일국양제'는 곧 사라질 것입니다.

입법회는 개정안의 첫 번째 독서를 통과시켰지만, 행정장관은 여전히 두 번째와 세 번째 독서를 통과시키기를 원하고 있으며, 친정파의 지원을 받아 법안 통과는 거의 확실한 상황입니다. 사업가인 라우 루엔홍은 처음으로 반대 의사를 표명하며, 이 결과를 반박하기 위해 사법적 검토를 신청했습니다. 그는 과거 마카오에서 법을 위반한 후 홍콩으로 돌아왔고, 만약 법안이 통과되면 마카오로 인도될 수 있기 때문에 이의 제기를 한 것입니다.

캐리 람은 법안이 빠르게 통과되기를 원하며, 장통카이가 대만으로 인도되어야 한다고 주장하고 있습니다. 하지만 우리는 이 개정안이 푼 히우잉 살인 사건을 처리하는 유일한 방법이 아니라고 강하게 믿고 있습니다. 중국 본토로의 송환을 허용하는 것은 법안의 숨은 의도일 수 있으며, 이것이 핵심적인 문제입니다. 법안 개정에 반대하는 입법회 의원들이 나중에 선출된 의장에 의해 대체되었습니다.

제임스 토건선

3. 홍콩 시민들의 반응

2019년 3월 31일, 첫 번째 집회가 열렸다. 이는 반송법(범죄인 인도 법안) 반대 운동의 시작이자, 이후 이어진 일련의 시위들의 출발점이었다. 민간인권전선(CHRF)이 조직한 이 첫 집회는

2019년 3월 31일 홍콩 완차이에서 열린 첫 번째 데모탑

남구(南區) 운동장에서 출발하여 홍콩 입법회(입법원) 단지까지 행진하는 형식이었다. 하지만 당시 참여 인원은 많지 않았다.

이 법안은 대만 타이베이 지방검찰청에서 지명수배 중이던 홍콩 시민 찬통카이(Chan Tong-kai) 사건과 관련이 있었다. 그는 대만에서 푼하우윙(Poon Hiu-wing)을 살해한 혐의를 받고 있었고, 피해자의 어머니는 홍콩 정부에 찬통카이의 자수를 촉구하고 대만 당국과 협력해달라고 요구했다. 이에 따라 캐리 람 행정장관의 요청으로 보안국장 리가자오(Lee Ka-chiu)가 범죄인 인도 조례(Fugitive Offenders Ordinance)를 개정해야 했다. 정부는 찬통카이의 송환을 위해 조례 개정이 필요하다고 주장했지만, 우리는 이후 개정안이 중국 본토로의 범죄인 인도를 허용한다는 사실을 깨닫게 되었다.

　법안이 아직 공청회 단계에 있었고 1차 심의를 통과하지 않은 상태였기에, 첫 번째 집회에는 단 1만 3천 명만이 참여했다. 나도 그 자리에 있었다. 우리는 오후 3시 루아드 로드(Luard Road)에 모였고, 홍콩 경찰 본부를 지나 애드미럴티의 중앙정부청사에서 집회를 열었다. 당시에는 특정한 복장 요구도 없었고, 참가자들은 대부분 중년 남성이었다. 젊은이들은 거의 보이지 않았고, 일부 노년층이 있었는데 이들은 대부분 친민주주의 성향이거나 중화민국(대만) 지지자들이었다. 일부는 지역주의(Localist) 그룹 출신이었다.

　두 번째 집회는 2019년 4월 28일에 열렸다. 이번에도 민간인권전선이 주최했으며, 코즈웨이베이에서 출발하여 애드미럴티의 중앙정부청사까지 행진했다. 참가자는 13만 명에 달했고, 2014년 우산혁명(Occupy Central) 당시의 시위 규모를 넘어섰다. 이는 당시 캐리 람 행정장관 취임 이후 최대 규모의 집회였다.

홍콩 아일랜드에서 2019년 6월 9일 100만 명 돌파 데모

세 번째 집회는 2019년 6월 9일에 열렸다. 코즈웨이베이 빅토리아 공원에서 출발한 이번 행진에서 모든 참가자는 흰옷을 입었다. 이 집회는 하루 종일 이어졌으며, 밤 10시에 마무리되었다. 참가 인원은 다시 한 번 2014년 우산혁명을 넘어섰다. 하지만 캐리 람은 홍콩 시민들의 요구를 무시한 채 법안 2차 심의를 강행하겠다고 선언했다. 친중(親中) 성향의 건제파(Pro-establishment camp) 또한 7월 이전에 법안을 통과시키기를 원했다. 이러한 상황에서 민간인권전선은 또 한 번 시위를 조직할 수밖에 없었다.

네 번째 집회는 2019년 6월 16일에 열렸다. 코즈웨이베이에서 출발하여 애드미럴티의 중앙정부청사까지 행진하는 일정이었다. 이날, '노란 우비를 입은 남자'로 알려진 35세의 레옹링키트(Leung Ling- kit)가 퍼시픽 플레이스(Pacific Place)에서 투신하여 사망했다.

2019년 6월 16일
세계역사상 두 번째로 큰 2백만명의 최대규모 시위

이날 시위에는 약 200만 명이 참가했다. 이는 홍콩 역사상 최대 규모의 시위이자, 세계 역사상 두 번째로 큰 시위였다. 200만 명! 이는 홍콩 전체 인구의 4분의 1에 해당하는 숫자였다. 그 규모는 도널드 트럼프조차도 본 적 없는 수준이었다. 이번에는 모든 참가자가 검은 옷을 입었다.

　세 번째 집회는 주로 젊은이들이 참가했으며, 대부분이 처음으로 시위에 나선 학생들이었다. 우리 여섯 명도 함께 참여했다. 행진은 오후부터 밤 10시까지 약 8시간 동안 이어졌고, 인파가 너무 많아 천천히 걸을 수밖에 없었다. 참가자들은 "범죄인 인도 법안 전면 철회!", "캐리 람 퇴진!", "홍콩 시민, 버텨라!" 등의 구호를 외쳤다.

다섯 번째 집회는 2019년 7월 1일 홍콩 특별행정구 설립 기념일에 열렸다. 민간인권전선은 매년 7월 1일 시위를 조직해왔지만, 이번에는 범죄인 인도 법

2019년 7월 1일 55만명 모인 시위

안 철회를 요구하는 시위와 함께 진행되었다. 이날 행진에는 55만 명이 참가했고, 이는 7월 1일 시위 역사상 최대 규모였다. 비록 6월 시위보다는 참가자가 적었지만, 규모는 여전히 엄청났다. 원래 계획은 코즈웨이베이 빅토리아 공원에서 출발해 센트럴 차터 로드까지 행진하는 것이었지만, 절반의 시위대는 애드미럴티로 이동하여 결국 홍콩 입법회 건물을 점거하고 '애드미럴티 선언(Admiralty Declaration)'을 낭독했다.

　이러한 일련의 시위와 행진을 통해 홍콩 시민들이 왜 법안에 반대하는지 완전히 이해할 수 있다. 캐리 람이 6월 18일 기자회견에서 홍콩 시민들에게 사과하고 법안 추진을 보류한다고 발표했지만, 우리의 요구를 충족시키지는 못했다. 우리는 단순한 연기가 아니라 법안의 완전한 철회를

원했다. 따라서 반송법 반대
운동은 계속해서 격화될 수
밖에 없었다.

그러나 시위를 더욱 격렬
하게 만든 것은 6월 12일 경
찰의 과격한 진압이었다. 이
날, 한 젊은 교사의 오른쪽
눈이 경찰이 쏜 고무탄으로

우리는 함께 일어섰다

의심되는 물체에 맞았고, 노인 한 명과 젊은 남성 한 명도 부상을 입었다.

동시에 홍콩 곳곳에서 별
도의 시위가 벌어지고 있었
다. 민간인권전선이 주요 집
회를 조직했지만, 이후 홍콩
의 11개 대학 학생회와 다양
한 시민 단체들이 합류했다.
홍콩의 모든 교회, 가톨릭과
개신교를 포함한 종교 단체
들도 이 운동에 동참했다. 심
지어 친중 성향의 학교 일부
학생회, 홍콩 전문 교사 연합

네덜란드 국제사법재판소에서의 시위

회(Hong Kong Professional Teachers' Union), 민주 진영 및 지역
정치 단체들도 참여했다. 결국, 이 운동은 홍콩 시민 전체가 주도하는 운
동으로 확산되었다.

이 현상 뒤에는 특정 유명인사나 정당의 영향이 없다. 이는 실질적인

지도자나 조직자가 없는 운동이다. 실제 지도자 없이 콘스탄트 김을 포함한 홍콩의 젊은이들이 네덜란드에 있는 국제사법재판소에서 홍콩 경찰의 잔혹성에 대해서 고소할 계획을 가지고 시위를 벌였다

4. 전체주의 정권에 맞선 모두의 운동

반송환법(범죄인 인도) 반대 운동은 모든 사람을 위한 운동이다. 200만 명 이상이 참여한 이 시위는 단순한 항의를 넘어, 세계 역사상 두 번째로 큰 규모의 시위이기도 했다. 홍콩 인구의 4분의 1이 정부에 대한 불만을 표출하며, 이는 그들에게 '시위의 임계점'이 되었다.

콩주머니로 눈을 다친 시위자

그러나 정부는 이 운동에 무관심으로 일관했고, 이는 우리의 분노를 가라앉히기는 커녕 오히려 시위를 더욱 확산시키고 더욱 급진적인 행동으로 이어지게 만들었다. 더 심각한 것은, 경찰이 극단적인 폭력으로 대응했다는 점이다. 한 시위자가 빈백탄(bean bag round)에 맞아 눈을 다치는 사건이 발생하면서, 시민과 정부 간의 대립은 더욱 격화되었다. 이는 앞으로 벌어질 대규모 운동이 더 이상 이성적이고 평화적으로만 진행되어서는 안 된다는 것을 보여주었다. 폭정을 무너뜨리는 운동은 여기에서 시작되었다.

"그날이 오면"은 중요한 참고 자료가 되는 한국 영화이다. 이 영화는 전체주의 정부에 의해 촉발된 한국의 항쟁을 다루고 있다. 특히 주목할 점은, 이 운동이 지도자나 조직 없이도 자발적으로 전국적인 시위로 확산되었다는 것이다. 영화는 1987년, 국민들이 어떻게 폭정에 맞서 싸웠는지를 보여준다. 독재 정권은 권력과 이익을 위해 국민을 탄압했고, 민주주의가 부재한 사회에서 한국인들은 진정한 자유와 선택권을 가질 수 없었다.

이 모든 것은 경찰 심문 중 한 학생 시위자가 사망하면서 촉발되었으며, 당국은 이를 은폐하려는 음모를 꾸몄다. 경찰은 법을 넘어 무차별적으로 시위대를 체포했고, 이는 시민 불복종 운동으로 이어졌다. 이 운동은 폭정에 맞선 항쟁이자, 한국을 민주주의와 자유로 나아가게 한 운동이었다.

홍콩의 민주화운동 2019년

2019년 6월 12일, 홍콩에서 열린 시위에서 홍콩 경찰 기동대는 한 교사의 오른쪽 눈을 빈백탄(bean bag round)으로 가격했고, 처음으로 노인과 젊은 남성의 머리를 가격했다. 여기에 더해, 캐리 람(Carrie Lam)이 법안을 철회하지 않겠다고 선언하면서, 6월 16일 홍콩에서 역사상 최대 규모의 시위가 열렸다. 이는 홍콩이 무역항이 된 이후 가장 큰 시위였다.

역사적인 200만 명
규모의 행진이 열리
기 하루 전, 애드머럴
티(Admiralty)에서
한 젊은이가 높은 곳
에서 추락해 사망했
다. 그는 홍콩 범죄인

젊은 청년이 자살로 반송환법 지지를 증명했다.

인도 반대 운동에 대한 지지를 표현하며 목숨을 바쳤다. 그 때문에 우리
는 단순히 "200만 명이 참가한 시위"라고 말하기보다는 "200만 명 + 1명
(2,000,000+1)"이 함께한 시위라고 부르는 것을 선호한다. 이는 기록적
인 숫자였다.

일부 중국 공산당 원로들은 실제로 이 행진에 300만 명이 참여했어야
한다고 주장했다. 대다수의 사람들 역시 참가자 수가 200만 명을 훨씬
넘었다고 생각하며, 보다 정확히는 약 230만~250만 명 정도로 추산된다.

당일 촬영된 사진을 보면, 포트리스 힐(Fortress Hill)부터 애드머럴티
까지, 그리고 홍콩의 다섯 개 주요 도로가 모두 시위대로 가득 차 있었다.
이 장면이 얼마나 장관이었는지 상상이 가지 않는다면, 이렇게 설명할 수
있다. 포트리스 힐역에
서 애드머럴티역까지
총 세 개의 구(區)를
가로지르는 다섯 개
의 MTR(지하철) 역
이 있었으며, 이 모든
역이 사람들로 꽉 차

있었다. 홍콩 인구의 약 3분의 1이 거리로 나와 행진에 동참했으며, 그중에서도 젊은층이 가장 큰 비율을 차지했다.

온라인 플랫폼이 주도한 혁명

영화 1987: When the Day Comes에서 묘사된 방식과는 달리, 이번 혁명은 온라인 플랫폼과 소셜 미디어를 통해 크게 확산되고 조직되었다. 그중에서도 LIHKG가 가장 큰 역할을 했으며, 실질적인 지도자가 없는 상황에서 LIHKG가 주요 소집 플랫폼이 되었다.

이로 인해, 시위에 참여한 "검은 폭도 (Black-mobs)"와 "용감한 전사들(The valiants)"은 **"Mr. /Miss LIHKG"**라는 별칭으로 불리기도 했다.

각 시위 참가자들은 서로 다른 역할을 맡았다. 가장 중요한 두 가지 역할은 **"평화적·이성적·비폭력(Peaceful, Rational, Nonviolent)"**과 **"용감한 전사(The Valiant)"**였다. 이 외에도 **물류 지원(Logistics)**과 **응급 처치(First-aid)**를 담당하는 이들도 있었다.

"평화적·이성적·비폭력" 진영은 2014년 **"센트럴을 사랑과 평화로 점거하라(Occupy Central with Love and Peace, OCLP)"**와 "우산 혁명(Umbrella Revolution)" 때부터 존재해왔다.

OCLP는 홍콩의 시민 불복종 운동으로, 주이우밍(Chu Yiu-ming), 타이야오팅(Tai Yiu-ting), 찬킨만(Chan Kin-man), 황즈펑(Wong Chi-fung, 조슈아 웡), 홍콩 학생연합회(HKFS, Hong Kong Federation of Students) 등이 주도했다.

OCLP 혁명단의 세명의 지도자 2014년

이 운동은 이후 **우산 운동(Umbrella Movement)**으로 발전했으며, 경찰이 시위대를 해산하기 위해 최루 스프레이를 사용하자, 시위대가 우산을 펼쳐 저항하면서 "우산 혁명"이라는 이름이 붙게 되었다.

그러나 우산 운동은 큰 주목을 받았음에도 불구하고 몇 가지 이유로 실패했다.

1. 장기간 점거

시위가 애드머럴티(Admiralty)와 몽콕(Mongkok) 지역을 오랫동안 점거하면서 시민들에게 불편을 초래했다.

2. 조직 내 분열

운동이 "점거 삼인방(Occupy Trio)", 황즈펑, 홍콩 학생연합회(HKFS) 등의 두 주요 단체가 주도하면서, 각기 다른 목표와 방식으로 인해 심각한 의견 충돌이 발생했다.

이러한 경험을 바탕으로 2019년의 범죄인 인도법 반대 시위에서는 조직적인 리더 없이, 탈중앙화된 방식과 온라인 플랫폼을 활용한 전략이 중심이 되었다.

3. 침투로 인한 분열과 새로운 전략

또한, 두 개의 주요 진영은 침투자들(Infiltrators)에 의해 분열되었다. 특히 **중국 공산당(CCP)**의 사주를 받은 **삼합회(Triads)**가 **애드머럴티(Admiralty)와 몽콕(Mongkok)**에서 혼란을 조성하면서, 결국 운동은 실패로 끝났다. 2014년 12월 초, 경찰이 모든 시위를 강제 해산시켰으며, 주동자들은 8개월에서 16개월의 징역형을 선고받았다.

그러나 **2019년 범죄인 인도법 반대 운동(Anti-Extradition Movement)**은 이전과 달리 기습 시위(Flash Protest) 형태로 진행되었다.

과거 OCLP의 실패에서 교훈을 얻은 시위대는 어떠한 공식적인 지도자도 두지 않았다. 각 시위는 특정 장소를 오랫동안 점거하지 않으며, 하루 안에 끝내고 자정 전에 해산하는 전략을 사용했다.

이는 시민들에게 불편을 최소화하기 위한 목적도 있었지만, 경찰, 폭력 진압대, 삼합회 조직원들이 습격해오더라도 즉시 해산할 수 있도록 하기 위해서였다.

이러한 전략은 **"Be Water"**라고 불리며, 이는 다음과 같은 의미를 가진다.

익명성(Anonymous) 유지

자발적(Spontaneous) 움직임

유연함(Flexible)

회피(Evasive)

*"Be Water"*는 시위 참가자들에게 임무를 완수한 후 즉시 떠나야 한다는 신념을 심어주는 구호이기도 했다.

이 전략은 매우 효과적이고 성공적이었다. 국내외에서 큰 지지와 참여를 얻었고, 운동이 3개월 이상 지속될 수 있도록 만들었다. 이는 단순한 시위를 넘어선 **"홍콩 시민과 홍콩 정부 간의 전쟁"**이었다. 더 나아가, 권력을 남용하는 경찰과 이에 저항하는 시민 간의 격돌이 되었다.

결국, 이 운동은 반중(反中) 운동을 넘어 시대적 혁명(Revolution of Our Times)으로 발전하였으며, 궁극적으로는 중국 공산당을 반대하고, 중국의 회복을 목표로 하는 반공산주의 혁명(Anti-Communist Revolution)으로 확대될 것이다.

5. 또 다른 여름 활동

홍콩에서는 매년 다양한 사회 복지 단체, 교회, 학교, 구의회 등이 주최하는 여름 활동이 학생들과 청소년들을 위해 마련됩니다. 대부분의 활동은 안전하며 교육적인 성격을 띄고 있으며, 교사들의 지도하에 진행됩니다. 대표적인 프로그램으로는 스터디 캠프, 야외 활동, 자원봉사, 저소득층 가정 방문 등이 있습니다. 아이들

집회

은 여름 방학 동안 캠핑 활동에 참가하거나, 학교에서 제공하는 여름 강좌를 듣거나, 해외 스터디 투어에 참여하면서 시간을 보낼 수 있습니다. 일반적으로 한 활동당 참가 인원은 10명에서 100명 정도로 제한됩니다. 참가를 원한다면 사전에 신청하고 참가비를 내야 합니다.

그러나 2019년에는 기존의 여름 활동과는 전혀 다른, 전례 없는 획기적인 활동이 등장했습니다. 바로 홍콩 행정장관 캐리 람(Carrier Lam)이 강행한 '범죄인 인도 법안(송환법) 반대 시위(Anti-Extradition Law Movement)'입니다.

이 여름 활동은 기존의 활동과는 비교할 수 없을 정도로 독특했습니다. 참가 연령, 성별, 직업, 인원 제한이 전혀 없었습니다. 오직 이 활동에 동

참하려는 의지만 있다면 누구나 참여할 수 있었습니다. 경찰과 폭력배들의 태도, 입법회(LegCo) 일부 의원들의 행동은 홍콩 시민들의 분노를 더욱 불러일으켰고, 결국 수많은 시민이 거리로 나서게 되었습니다.

참가자들에게는 몇 가지 권장 사항이 있었습니다.
✔ 검은 옷을 입을 것
✔ 헬멧을 착용할 것
✔ 마스크를 쓸 것

😠 이 여름 활동의 다섯 가지 핵심 요구 사항

시위에 참가한 모든 사람들은 한목소리로 아래 다섯 가지 요구 사항을 외쳤습니다.
1. 송환법 전면 철회
2. 경찰의 폭력적 진압에 대한 독립적 조사
3. 시위대를 "폭도"로 규정한 정부 발표 철회
4. 체포된 시위자들에 대한 사면
5. 입법회 및 행정장관 직선제(보통 선거) 도입

"다섯 가지 요구 사항, 단 하나도 포기할 수 없다!"
이것이 참가자들이 외치던 구호였습니다.

😠 경찰과의 "대결"이 된 여름 활동

이 여름 활동은 원래 단 세 번만 진행될 예정이었습니다. 그러나 캐리 람 행정장관은 시민들의 목소리에 전혀 귀를 기울이지 않았습니다. 그녀는 요구를 무시했을 뿐만 아니라, 오히려 경찰에게 최루탄과 고무탄을 발포할 것을 명령하며 상황을 더욱 악화시켰습니다.

시위와 행진 (Demonstration and march)

🚓 경찰과의 "토너먼트"

홍콩 정부는 이 여름 활동을 전 세계적으로 유명하게 만들기로 결정한 듯했습니다. 경찰과 시위대 간의 **"토너먼트"**가 매주 토요일과 일요일마다 열렸습니다. 경찰과의 충돌을 대비해 참가자들은 스스로 응급 대응팀을 구성해야 했고, 부상을 입을 경우 병원으로 이송되었습니다.

경찰은 최루탄, 고무탄, 빈백탄(bean bag rounds), 심지어 실탄까지 사용하여 시위대를 진압했습니다. 그 결과 수많은 시민이 다쳤으며, 심각한 부상을 입은 사례도 속출했습니다.

🔥 다양한 시위 방식

이 여름 활동에서는 단순한 거리 시위뿐만 아니라 다양한 방식으로 시민들이 저항했습니다.

📢 슬로건 외치기

✏️ 전단지 및 인포그래픽 제작

🚶 인간 띠 형성(홍콩 전역을 연결하는 인간 사슬 시위)

🕯 모 행사 개최

🙋 유엔(UN) 청문회 참석 및 국제사회에 홍콩의 상황 알리기

▲ "최소한의 무력 사용"이라는 거짓말

2019년 6월 12일, 경찰은 시위에 참여한 학생들과 청년들을 향해 **"최소한의 무력"**만을 사용했다고 발표했습니다. 하지만 과연 그것이 사실이었을까요? 그날 경찰이 발포한 총알 한 발 한 발이 누군가를 다치게 하거나 심지어 죽일 수도 있는 무기였습니다. 그들의 행동은 국제인권법(International Bill of Human Rights)과 제네바 협약(Geneva Conventions)이 정한 기준을 완전히 넘어선 것이었습니다.

이것을 과연 "최소한의 무력"이라고 할 수 있을까요? "최소한의 무력"으로 세 명의 피해자가 발생할 수 있을까요? 한 여성은 경찰이 쏜 탄환에 오른쪽 눈을 잃었습다. 한 남성은 의식을 잃고 쓰러졌습니다. 또 다른 한 명은 한 달 후 결국 사망했습니다.

경찰은 결코 그들이 주장하는 "최소한의 무력"을 사용한 적이 없고 오히려 그들은 가장 폭력적인 방식으로 우리를 대했습니다. 그런데도 정부는 우리를 **"폭도(thugs)"**라고 부릅니다. 진정한 폭도는 누구입니까?

국민을 억압하고 탄압하는 정부와 경찰이야말로 폭력적인 독재

홍콩시민들은 폭정과 최류가스와 맞서 싸웠다.

(Tyranny)입니다. 우리는 단지 **자기방어(Self-defense)**를 하고 있었을 뿐입니다.

국민을 억압하고 탄압하는 정부와 경찰이야말로 폭력적인 독재(Tyranny)입니다. 우리는 단지 **자기방어(Self-defense)**를 하고 있었을 뿐입니다.

홍콩 시민 2백만 명이 거리로 나오다.

그날로부터 나흘 후, 홍콩 시민들은 독재 정권의 탄압과 경찰 폭력에 맞서 거리로 나왔습니다. 무려 2백만 명 이상의 시민이 참여하여 정부에 대한 분노와 불만을 표출했습니다. 홍콩 시민들은 끝까지 싸워 목표를 달성할 것입니다.

힘내라 홍콩이여 (Add oil Hong Kong)

이 여름 활동이 홍콩 시민을 깨우다. 이 여름 활동(반송환법 시위)은 점점 더 많은 홍콩 시민들을 각성시켰습니다. 만약 송환법이 통과된다면, 홍콩은 우리가 자랑스러워하던 모든 것을 잃게 될 것입니다.

"일국양제(一國兩制)"가 사라지고, 민주주의와 자유, 법치주의가 무너지고, 결국 홍콩은 중국의 대만구(Greater Bay Area) 일부로 전락할 것입니다.

우리의 모든 노력이 수

200시간 단식과 농성시위

포로 돌아가고, 홍콩 정부와 중국 공산당(CCP)에 의해 철저히 파괴될 것입니다. 그러나 우리는 결코 포기할 수 없습니다. 우리의 핵심 가치를 반드시 끝까지 지켜야 합니다. 또한, 중국 본토의 시민들에게도 이 운동의 정당성을 알리고, 함께 혁명을 이어가야 합니다.

"평화적으로, 이성적으로, 그러나 절대 포기하지 말자!"

저와 제 가족은 항상 이 운동에 적극적으로 참여해 왔습니다. 저와 아내는 모든 시위에 빠짐없이 참석했습니다. 우리는 모든 젊은이들에게 평화롭고, 이성적이며, 비폭력적인 방식으로 이 운동에 참여할 것을 강력히 권장합니다.

단식과 농성 시위

하지만 폭력적인 독재 정권 아래에서 완전한 평화를 유지하는 것은 불가능합니다.

우리가 할 수 있는 유일한 방법은 싸우는 것뿐입니다!

우리는 개인의 안전을 지키면서도, 결코 포기해서는 안 됩니다.

우리에게 주어진 역할을 다합시다.

그리고, 홍콩을 위해 기도합시다.

✨하나의 요구도 포기할 수 없다!

✨자유를 위해 끝까지 싸우자!

✨하나님께서 홍콩의 젊고 용감한 시민들을 보호해 주시길!

6. 찬송가

반(反)송환법(ELAB) 시
위에서 가장 두드러진 노
래 중 하나가 된 'Sing
Hallelujah to the Lord'
는 잘 알려진 짧은 기독교
찬송가이며, 이는 홍콩 교
회들이 반(反)송환법 운동
에 헌신하고 있음을 보여

홍콩 기독교인들도 함께 시위에 참가했다.

줍니다. 우리는 이 찬송가를 모든 행진과 집회에서 들을 수 있었습니다.

특히 6월 9일 저녁, 한 무리의 기독교인들이 입법회(LegCo) 청사 앞에
서 이 찬송을 아홉 시간 동안 반복해서 불렀습니다. 이는 그들의 영혼에
서 우러나온 자발적인 행동이었으며, 이들은 홍콩 특별행정구 정부 수장
캐리 람과 다른 공무원들이 송환법 개정을 철회하도록 기도하며, 하나님
의 정의와 평화를 간구했습니다. 그러나 정부는 이들의 요청을 받아들이
지 않았습니다.

이 시위는 매우 평화적인 시위였습니다. 무려 200만 명이 참여하여 세
계 기록을 세웠습니다. 'Sing Hallelujah to the Lord'는 평화와 비폭력
의 상징이 되었고, 이 찬송을 통해 하나님께서 홍콩 시민들과 함께하시며,
우리가 역경 속에서도 홍해를 건널 수 있도록 인도하신다는 힘을 주었습
니다.

이번에는 교회들의 반응이 달랐습니다. 과거 '중앙 점거 운동(Occupy

Central)'과 '우산혁명(Umbrella Revolution)' 당시에는 교회들이 적극적으로 참여하지 않았고, 대부분 정치에 개입하지 않기를 원했습

목사들도 십자가를 들어 하나님의 정의를 표현했다.

니다. 그러나 반(反)송환법 운동에서는 홍콩 내 교회의 약 3분의 2가 참여했습니다. 교회의 4분의 3이 법 개정에 반대의 목소리를 냈으며, 3분의 2는 직접 참여했습니다.

참여한 교회들은 대부분 전통적인 교파 교회와 독립 교회들이었으며, 반면 대다수의 은사주의 교회들은 참여하지 않았고, 주류 교회들과 다른 견해를 가지고 있었습니다.

십자가는 평화와 함께 한다.

홍콩의 1,400명 이상의 목회자가 송환법 개정에 반대하는 청원서에 서명했으며, 저와 제 스승의 아내도 그 서명에 동참했습니다. 많은 교인들이 거리로 나섰으며, 일부 목사와 전도사들은 입법회 광장에서 밤샘 농성을 하며 'Sing Hallelujah to the Lord'를 부르고, 하나님의 메시지를 전했습니다.

기독교인들은 레그코 스퀘어에서 찬송가를 불렀다.

일부 선두 목회자들은 직접 시위에 참여하며 송환법 개정안에 대한 우려를 표명했습니다. 우리는 하나님의 정의와 공평함을 따르기에 이 개정안이 의로운 것과 악한 것 사이의 싸움이라고 믿습니다. 하나님은 우리 모두를 사랑하시며, 우리는 자유롭고 법치가 보장된 홍콩에서 살아왔습니다. 하지만 '도망자 조례(Fugitive Offenders Ordinance)' 개정안이 통과되면, 우리는 자유와 법치를 잃게 될 것입니다.

홍콩의 핵심 가치가 무너지는 것입니다. 이 개정안은 홍콩이 결국 악명 높은 법치 불모지인 중국과 다를 바 없게 된다는 명확한 신호입니다. 중국 공산당(CCP)은 인권을 짓밟는 정권으로 잘 알려져 있으며, 법치도, 자유도 없는 전체주의 정권입니다.

이 법안이 통과되면 우리 모두가 중국 정부에 의해 범죄자로 지목될 위험에 처하게 되며, 정의가 사라진 땅으로 송환될 수 있습니다. 따라서 우리는 이 가혹하고 문제가 많은 법을 반대해야 하며, 홍콩 정부에 철회를 요구해야 합니다. 그러나 정부는 이를 철회하지 않고 단지 법안을 보류했을 뿐이며, 캐리 람은 자신의 과오를 뉘우칠 의사가 없어 보였습니다.

홍콩의 교회들은 하나님의 진리와 정의 앞에서 송환법 개정안을 반대하며, 홍콩 시민들과 함께할 것입니다. 어떠한 일이 일어나더라도 교회와 시민들은 한마음으로 연대할 것입니다.

'Sing Hallelujah to the Lord'는 행진 중 함께 불리는 노래가 되었습니다. 경찰 본부를 둘러싸던 최초의 시위에서도 기독교인들은 이 찬송을 부르며 평화를 기원했습니다. 혼란 속에서도 이 찬송은 모두에게 축복이 되었습니다.

찬양과 기도로 평화를 가져옴

한 번은 홍콩에서 의로운 항의를 위해 목숨을 끊은 우즈타(Zhita Wu)의 추모식에 참석했을 때였습니다. 고인을 애도하는 중에 일부 사람들 사이에 논쟁이 벌어졌습니다. 그 순간 한 무리의 기독교인들이 'Sing Hallelujah to the Lord'를 부르기 시작했고, 그 찬송이 퍼지자 곧 논쟁은 사그라들었습니다.

교회 목회자들은 '용감한' 시위대와 함께 최전선에 나섰습니다. 그들은 폭력 진압 경찰과 마주하며, 입법회를 향해 돌진하고, 췬퉁(Kwun Tong)과 츄엔완(Tsuen Wan)을 '탈환'하며, 공항 점거 시위 등에 참여했습니다.

831 사건 다음 날인 9월 1일, 홍콩 교회의 임시 대표는 프린스 에드워드

(Prince Edward) 역에서 벌어진 무차별 구타 사건을 규탄하며 경찰 본부로 가서 연좌 농성을 벌였습니다. 당시 목회자들은 체포될 각오를 했으며, 모두 조용히

홍콩 목사들은 경찰의 잔혹성을 규탄했다.

기도했습니다. 결국 우리는 무사히 마칠 수 있었습니다.

홍콩 북구(North District)의 한 교회, '좋은 이웃 교회(Good Neighbour Church)'는 송환법 개정안을 반대하기 위해 단식 투쟁을 벌였습니다. 전도사 로이 찬(Roy Chan)과 신도들은 애드머럴티(Admiralty

Centre)에서 단식 투쟁을 했고, 73세의 노인과 그의 딸도 이에 동참했습니다. 이들은 각각 200시간에 가까운 단식을 이어갔습니 또한 이 교회는 '아동 보호팀'을 꾸려 최전선에서 시위하는 '용감한' 청년들

북부 지역의 한 교회에서 더 격렬한 파업이 벌어졌다.

을 지원했습니다. 반(反)송환법 운동에는 약 5만 명 이상의 기독교인이 참여했으며, 그중 약 4만 명은 기독교 집회에도 동참했습니다.

교회들은 시위대를 위한 휴식 공간을 제공했습니다. 홍콩 전역의 교회

들이 행진하는 시위대에게 기도와 물, 음식, 화장실을 제공하며 쉼터가 되었습니다.

또한 경찰이 시위대를 진압하고 체포하려 할 때, 교회들은 '도피성' 역할을 했습니다. 홍콩 경찰은 교회 내부로 함부로 들어와 체포할 수 없었기 때문입니다. 9월 12일에는 경찰이 우리를 포위하는 긴박한 상황도 있었습니다. 우리는 완차이

예수님은 홍콩을 사랑하신다.

(Wan Chai)의 한 교회로 피신했고, 경찰은 교회 밖에서 우리를 기다렸습니다. 결국, 200여 명이 교회에 머물렀고, 1시간 반 후 경찰이 철수한 후에야 우리는 안전하게 교회를 떠날 수 있었습니다.

하나님은 홍콩을 축복하신다.

처음으로 군중과 함께 밤을 새우며 'Sing Hallelujah to the Lord'를 불렀던 순간부터, 교회들은 이 운동에 전면적으로 참여할 준비가 되어 있었습니다. 홍콩 목회자의 3분의 2가 최전선에서 활동했습니다.

전도사 탐(Tam)은 '탈환 츄엔완' 시위에서 경찰의 폭력을 막기 위해 무릎을 꿇고 호소했지만, 경찰에게 걷어차였습니다. 교회 목회자들과 전도사들은 시위대의 안전을 보호하는 역할을 하면서도, 시위대와 시민들을 위해 기도했습니다.

우리는 우리의 행동을 통해 홍콩 시민들에게 하나님께서 홍콩을 보호

하시며, 예수님께서 이 땅의 모든 사람을 사랑하신다는 것을 전하고자
합니다.

7. 레논 벽(Lennon Walls)

존 레논 (John Lennon)

홍콩의 레논 벽은 2014년 우산 혁명(Umbrella Revolution)과 2019년 반(反) 범죄인 인도 법안(anti-ELAB) 시위 동안 등장한 민주주의적인 벽으로, 다양한 구호와 메시지들이 담긴 공동 작품이다. 2014년 우산 혁명 당시, 레논 벽은 애드머럴티(Admiralty)의 하코트 로드(Harcourt Road)에 위치한 정부 청사 외벽에 처음 등장했다. 이는 당시 애드머럴티 점거 지역에서 주요한 랜드마크로 여겨졌으며, 홍콩 행정장관 선거의 민주화를 요구하는 중요한 집단 예술 작품이었다.

2019년 6월, 반(反) 범죄인 인도 법안 개정안에 반대하는 대중의 목소리를 반영하고 시위대에 대한 지지를 표명하기 위해 다시한번 정부 청사 외벽에 레논 벽이 등장했다. 이후 홍콩의 여러 지역에서 레논 벽이 세워

지면서, 홍콩 시민들은 정부의 법안 개정 처리 방식에 대한 불만을 표현하고 홍콩을 응원하는 메시지를 남겼다. 결과적으로 레논 벽은 애드머럴티에 국한되지 않고 홍콩 전역 18개 구(區)에 걸쳐 확산되었으며, 지역사회 기반의 민주주의 벽으로 자리 잡았다.

정부본부 안에 레논

레논 벽은 1989년 6월 4일 베이징(北京) 톈안먼 광장과 베이징 대학(北京大学)에서 등장했던 민주주의 벽(Democracy Wall)과 유사한 개념이다. 2018년에는 시진핑(習近平)의 통치에 반대하고 중국이 후퇴하고 있다는 점을 비판하기 위해 베이징 대학에서 민주주의 벽이 다시 등장하기도 했다. 또한 최근 칭화 대학(清华大学)에서도 민주주의 벽이 나타났다.

레논 벽의 기원은 체코슬로바키아(현재 체코)의 프라하(Prague)에 있는 벽에서 비롯되었다. 이 벽은 존 레넌(John Lennon)의 가사와 관련된 그래피티가 그려져 있던 곳으로, 1988년 구스타프 후사크(Gustáv Husák) 공산 정권에 대한 저항의 수단으로 사용되었다. 체코 젊은이들은 벽에 불만을 담은 구호를 쓰며 공산 정권에 대한 분노를 표출했다. 결국 카를교(Charles Bridge) 근처에서 학생들과 경찰 간의 대규모 충돌이 발생했고, 당시 체코 당국은 이들을 '레넌주의(Lennonism) 추종자'라며 서방 자본주의의 앞잡이로 몰아세웠다.

홍콩에서 첫 번째 레논 벽은 우산 혁명의 부산물이었다. 애드머럴티 하코트 로드의 정부 청사 외벽에 설치된 이 벽은 10,000장이 넘는 포스트잇으로 덮였으며, 당시 애드머럴티 점거 지역의 주요 랜드마크로 자리 잡았다. 2014년 10월 2일부터 시위대는 보편적 참정권에 대한 메시지를 남기

민주주의의 벽

기 시작했다. 이 벽에는 "We support you, Hong Kong. From Prague." (우리는 홍콩을 지지한다. 프라하에서)라는 문구가 영어로 스프레이 페인트로 쓰여 있기도 했다. 이후 시위대는 레논 벽이 사라질 것을 우려하며 이를 보존하려는 시도를 시작했다. 많은 사람들이 벽을 사진으로 기록하기 시작했으며, 2014년 12월 10일 점거가 종료된 후에도 일부 작품은 역사적 기록을 위해 보존되었다.

2019년 6월 12일, 반(反) 범죄인 인도 법안 시위가 본격화되면서, 애드머럴티의 정부 청사뿐만 아니라, CITIC 타워 근처의 다리, 하코트 로드 등에서도 레논 벽이 다시 등장했다. 이후 홍콩 전역 18개 구로 확산되었으며, 대형 레논 벽은 타이포 마켓(Tai Po Market) 기차역 외부, 칭이(Tsing Yi) 등에서도 볼 수 있었다. 나아가 일부 사립 상점, 공공 기관, 학교, 주요 병원 및 대학에서도 레논 벽이 등장하기 시작했다.

레논 벽에는 "끝까지 버티자", "홍콩 힘내!(Add Oil, Hong Kong!)", "폭압적인 법안을 철회하라", "나는 내 도시를 사랑한다", "홍콩을 해방하라, 시대 혁명이다" 등의 메시지가 적힌 메모들이 붙었다. 또한, 반(反) 범죄인 인도 법안 시위 일정과 시위대의 연대 메시지가 공유되었으며, 홍콩 시민

들은 레논 벽을 통해 시위에 대한 정보를 얻고 직접 참여할 수 있었다.

그러나 친중파(Pro-Beijing) 및 친정부(Pro-establishment) 세력들은 레논 벽을 자주 훼손하며, 메모지를 찢어

멍콕 레논 벽

버리는 행동을 반복했다. 우리가 작업한 칭이 청홍 단지(Cheung Hong Estate) 맞은편의 레논 벽도 완성한 지 2시간 만에 완전히 파괴되었다. 그러나 이를 목격한 인근 거주 청년들이 자발적으로 벽을 재건했다.

타이포(Tai Po)에서는 중국 본토 출신의 '다마스(大妈, 중년 여성들)'가 레논 벽을 파괴하며 이를 지키려는 젊은이들을 폭행하는 사건이 발생했다. 그러나 이러한 탄압에도 불구하고 레논 벽은 더욱 확산되었고, 8월 14일 정오에는 윈롱(Yuen Long)의 보행자 다리에 있는 레논 벽을 한 중년 남성이 파괴하고 이를 정리하던 자원봉사자를 칼로 찌르는 사

레논 베너

건까지 발생했다. 경찰은 즉시 가해자를 체포하지 않았다. 8월 말에는 쳉 콴오(Tseung Kwan O)에서 레논 벽을 정리하던 세 명의 자원봉사자가

칼을 든 중년 남성에게 습격당해 한 명은 중태에 빠졌다.

이러한 폭력 사건의 배후에는 중국 공산당(CCP)이 있으며, 폭력 조직(삼합회)과 협력하여 홍콩 내 폭력을 조장하고 있다. 경찰이 이를 묵인하면서 '일국양제(一国兩制, One Country, Two Systems)' 원칙이 심각하게 훼손되었다. 홍콩 시민들은 이러한 폭력과 탄압을 통해 공

레논 벽은 우리의 요구를 표현한다.

산당과 홍콩 정부의 실체를 더욱 명확하게 인식하게 되었다.

홍콩의 반(反) 범죄인 인도 법안 시위는 국제적인 관심과 지지를 받았다. 폭정 아래의 투쟁은 우리 모두가 직면해야 할 미래이며, 홍콩 시민들은 계속해서 민주주의와 자유를 위해 싸워 나갈 것이다.

레논 회랑

2019년 9월 중순까지 홍콩에는 600개 이상의 레논 벽이 등장했다. 공공 병원, 학교, 공항, 지하철역, 부두 인근, 고가도로 아래 등 다양한 장소에서 볼 수 있었다. 일부 레논 벽은 관광 명소로 자리 잡으며 많은 방문객을 끌어들였다. 그러나 홍콩 정부, 경찰, 친중파 정치인, 삼합회 조직들은 레논 벽을 혐오하며 이를 철거하려 했다. 그들은 레논 벽이 도시 미관을 해치고 쓰레기를 유발하며 홍콩의 명성을

레논 남자

레논 칼럼

떨어뜨린다고 주장했다. 하지만 홍콩 시민들은 레논 벽을 통해 민주주의, 자유, 법치라는 홍콩의 핵심 가치를 계속해서 표현하고 있다.

공산당이 가장 두려워하는 것은 민주주의의 목소리가 중국 본토로 퍼지는 것이다. 우리는 레논 벽이 중국의 주요 도시에도 퍼져 나가 중국인들이 공산당의 억압과 거짓을 깨닫게 되는 날이 올 것이라 믿는다.

레논 터널

연롱 레논 칼럼

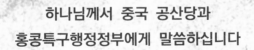

하나님께서 중국 공산당과
홍콩특구행정정부에게 말씀하십니다

정의를 쓴 쑥으로 바꾸며
공의를 땅에 던지는 자들아
묘성과 삼성을 만드시며 사망의 그늘을 아침으로
바꾸시고 낮을 어두운 밤으로 바꾸시며
바닷물을 불러 지면에 쏟으시는 이를 찾으라
그의 이름은 여호와시니라
그가 강한 자에게 갑자기 패망이 이르게 하신즉
그 패망이 산성에 미치느니라
무리가 성문에서 책망하는 자를 미워하며
정직히 말하는 자를 싫어하는도다
너희가 힘없는 자를 밟고 그에게서 밀의 부당한
세를 거두었은즉 너희가 비록 다듬은 돌로 집을
건축하였으나 거기 거주하지 못할 것이요 아름다운
포도원을 가꾸었으나 그 포도주를 마시지 못하리라
너희의 허물이 많고 죄악이 무거움을 내가 아노라
너희는 의인을 학대하며 뇌물을 받고 성문에서
가난한 자를 억울하게 하는 자로다

아모스 5장 7절-12절

64

8. 입법회 습격

　　입법회 건물이 처음 습격된 날은 6월 12일(수) 아침이었다. 6월 9일에 103만 명이 행진한 후, 캐리 람 행정장관은 심야 기자회견을 열어 행진에 대한 반응을 보였지만, 범죄인 인도 법안(송환법) 개정 절차를 계속 진행하겠다고 고집하며, 6월 12일에 2차 독회를 강행하겠다고 발표했다. 이는 홍콩 시민들의 강한 분노를 불러일으켰다. 이에 따라, 시민들은 6월 12일 입법회를 포위하여 회의가 열리지 못하도록 하기로 결정했다.

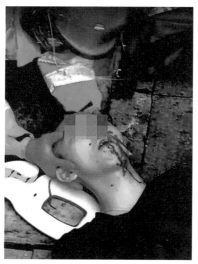
젊은 청년이 총에 맞음

　　6월 12일, 경찰은 시위대를 맞이하기 위해 대규모 병력을 배치했다. 시위대가 입법회 입구를 차단하면서 의원들이 입장할 수 없었고, 결국 모든 회의가 중단되었으며 법안 심의도 열리지 못했다. 이날은 반송환법 운동에서 처음으로 경찰이 최루탄과 빈백탄(Bean Bag Round)을 발포한 날이었다. 경찰은 시위대의 머리를 직접 겨냥해 발사했고, 그로 인해 3명이 심각한 부상을 입었다. 그중에는 오른쪽 눈을 다친 한 교사도 포함되어 있었다. 반송환법 운동에서 처음으로 발포된 총격이었다. 한 젊은 시위대가 머리에 총을 맞고 혼수상태에 빠지기도 했다.

　　민간인권전선(CHRF)은 6월 12일 사건에 대한 강한 불만을 표명하며, 정부의 무책임한 대응과 경찰의 과잉진압에 항의하기 위해 6월 16일 또 다른 대규모 행진을 신청했다. 이날 행진에는 200만 명이 넘는 시민이 참여했으나, 캐리 람 행정장관은 법안을 철회하지 않고 단순히 "일시 중단"하겠다고 발표하여 홍콩 시민들의 분노를 더욱 가중시켰다.

두 번째 입법회 습격은 2019년 7월 1일에 발생했다. 7월 1일은 홍콩 반환 기념일로, 2019년은 반환 22주년이 되는 해였다. 매년 이 날에는 민간인권전선이 주최하는 대규모 시위가 열렸으며, 2019년에도 예외는

입법회건물 습격 2019년 7월 1일

아니었다. 예년과 마찬가지로 시위는 코즈웨이베이에서 시작해 센트럴 차터로드까지 이어졌다. 이는 6월 16일 이후 또 한 번의 대규모 시위였으며, 공휴일인 만큼 참가자 수가 더욱 많을 것으로 예상되었다.

이날 시위는 기존의 7월 1일 시위와는 다른 특징을 보였다. 이번 시위의 주요 목표는 송환법 반대였지만, 전통적으로 7월 1일 시위는 다양한 사회 문제를 포함하는 경향이 있었다. 청년 실업, 노인 복지, 노동

입법회 문을 부수고 있다.

권, 주택 문제, 개발 계획, 동물 보호 등의 주제가 다뤄지곤 했지만, 이번에는 송환법 반대가 최우선 과제로 부각되었다. 이날 시위대는 주로 "송환법 완전 철회", "캐리 람 사퇴", "폭도는 없다, 폭정만이 존재한다", "홍

콩인 힘내라!" 등의 구호를 외쳤다.

우리는 5명이 함께 시위에 참여했다. 코즈웨이베이에서 시작해 완차이를 지나면서 두 명이 떠났고, 나머지 세 명만이 계속 행진을 이어갔다. 이전 두 번의 시위와 달리, 이날은 헨네시 로드 곳곳에 다양한 단체들이 부스를 설치해 각자의 요구를 알 리는 모습이 눈에 띄었다. 하지만 여전히 시위의 핵심은 송환법 반대 운동이었다.

시위대는 두 방향으로 나뉘었다. 한 그룹은 센트럴 차터로드로 향했고, 다른 그룹은 정부 청사 및 입법회 건물이 있는 애드미럴티로 이동했다.

입법회 습격의 배경

송환법이 통과되려면 입법회에서 2차, 3차 독회를 거쳐야 했다. 그러나 캐리 람은 법안을 철회하지 않고 단순히 "일시 중단"만 선언했기 때문에, 입법회 일정에 따라 법안이 다시 상정될 가능성이 높았다. 이에 따라 일부 시위대는 정부 청사 앞에 모여 입법회로 진격했다. 경찰은 저녁 9시부터 경계를 강화했지만, 시위대는 입법회 주변의 지정 시위 구역(DDA)에서 대기하며 습격을 준비했다.

입법회를 점령했음

입법회를 장악했음을 선포

시위대는 입법회를 파괴함으로써 회의를 진행하지 못하도록 막으려 했다. 그렇게 하면 해당 법안을 해당 회기 내에 통과시키는 것이 불가능해질 것이었다. 또한, 이번 습격을 통해 홍콩 시민들이 입법회를 재정비할 기회를 얻기를 바랐다.

해군성 선언문 읽기

경찰은 이상할 정도로 입법회 내부로 진입하지 않았다. 마치 "빈 성 계략(空城計)"을 쓰듯, 입법회

함께 갔다 후퇴하다

는 비어 있는 듯 보였다. 우리는 입법회 내부로 진입해 중앙 회의장으로 향했다. 우선 홍콩 공식 휘장을 검은 페인트로 덮었고, 특히 증오받는 입법회 의장 "앤드루 렁" 등의 초상화를 훼손했다.

입법부 앞에서 앉아서 기다리고 있는 장면

우리는 입법회 내부에서 주요 상징물을 파괴하며, 이곳이 더 이상 홍콩 시민을 대표할 수 없다는 것을 알리고자 했다. 일부 입법회 의원들은 "반송환법 운동의 선언문"을 작성해 이를 의회에서 낭독할 것을 제안했다. 미리 준비한 **"홍콩 애드미럴티 선언문"**이 배포되었고, 민주파 의원들이 이를 낭독하고 서명했다.

일부 시위대는 입법회 내부를 완전히 파괴해야 한다고 주장했지만, 역사적 가치가 있는 유물은 보존해야 한다는 의견도 있었다.

체포하지 않았다 우리 함께 일어나자

입법회 철수

우리는 입법회 내부에 약 2시간 동안 머물렀다. 경찰이 언제 들이닥칠지 모른다는 긴장감이 감돌았다. 몇몇은 경찰과 끝까지 싸울 준비가 되어 있었지만, 철수해야 한다는 의견도 많았다.

이때가 거의 밤 11시였고, 경찰의 해산 작전 소리가 입법회에 점점 가까워지고 있었다. 그래도 아무도 떠나려 하지 않았고, 일부 입법회 의원들도 우리와 함께 남기로 했다. 우리는 음료수를 산 뒤, 떠나야 할지에 대해 논의하자는 제안을 들었다. 결국 밤 11시 30분경, 자정에 입법회를 떠나기로 결정했다.

자정이 되기 전, 우리는 입법회 건물에서 나오기 시작했다. 시위대 사이에서는 연대와 '흩어지지 말자'는 것이 공통된 의지였다. 건물에서 나와 인원을 점검하던 중, 네 명이 실종된 것을 발견했다. 그들은 입법회에 남아 마지막까지 싸울 결심을 한 것 같았다. 우리는 그들을 뜻대로 두어야 했지만, 그들의 희생을 용납할 수 없었다. 우리 모두 체포되기를 원하지 않았다. 떠날 거라면 함께 떠나야 했다. 그래서 우리는 다시 입법회로 돌아가 그들을 데리고 나오기로 했다.

나는 전화를 걸어 조심하라고 알렸다. 일부는 그 네 명을 설득하려 했지만, 그들은 완강히 거부했다. 결국, 우리는 그들을 강제로 끌어냈고, 나중에 모두 무사히 DDA에 도착했다.

이 네 사람을 기억하세요, 그들은 이 운동에 영감을 줍니다.

곧이어 전경이 현장에 도착해 우리를 향해 돌진하며 최루탄을 발사했다. 우리는 정부청사와 애드미럴티 방향으로 흩어졌다. 애드미럴티 역에 도착한 후, 마침내 안전하게 빠져나올 수 있었다.

이날 입법회 습격은 반송환법 운동에서 가장 상징적인 사건 중 하나로 기록되었다.

애드미럴티 선언
(Admiralty Declaration)

1. 최근의 시민 불복종 사건과 관련하여, 홍콩을 사랑하는 우리 국민은 이 운동을 끝까지 지지할 것이다.

2. 모든 홍콩 시민을 대표하여, 우리는 보편적 가치와 법치주의 추구를 결코 멈추지 않을 것이다.

3. 홍콩 시민은 더 이상 우리 정부의 부당함을 참을 수 없다. 우리는 방패와 무기를 들고 꼭두각시 입법회를 전복할 것이다.

4. 민주적 선거의 부재는 모든 악의 근원이다. 보편적 참정권과 공정한 선거 제도가 도입되지 않는 한, 우리는 결코 물러서지 않을 것이다.

5. 주요 공직자들은 책임을 지고 사임해야 한다.

6. 정부는 모든 구금자들을 석방하고, 그들을 기소하지 않겠다는 보증을 해야 한다.

7. 정부는 경찰의 폭력을 조사하고 사과해야 한다.

8. 최근의 운동은 '폭동'이 아니라 '민주주의 운동'으로 기억되어야 한다.

9. 6월 9일은 영원히 역사에 기록되고 공식적인 공휴일이 되어야 한다.

10. 우리는 2019년 6월을 결코 잊지 않을 것이다.

9. 7.21 원랑(元朗) 테러

상수를 되찾기 위한 행진

7월 13일, '상수이(上水)를 되찾자' 행진이 시작되었다. 상수이는 중국 본토에서 온 병행 수입업자들로 인해 큰 골머리를 앓고 있었으며, 이로 인해 부동산 가격이 급등하여 조용했던 교외 지역이 소란스러운 도시로 변해버렸다. 개별 방문 제도(Individual Visit Scheme)로 인해 더욱 많은 중국 본토인들이 이 지역에서 쇼핑을 하면서 인구 구성이 복잡해졌으며, 물가와 임대료가 크게 상승했다. 상수이는 지정학적으로 뤄후(羅湖, Lo Wu) 및 선전(深圳, Shenzhen)과 가까워 병행 무역을 위한 최적의 장소로 여겨졌다. 문제는 더욱 심각해져, 일상 필수품과 유아용 분유조차 지역 주민들에게 충분히 공급되지 않았으며, 상점들은 이 기회를 이용해 가격을 올렸다. 그러나 정부는 병행 수입업자들에게 매우 관대했으며, 상수이 주민들의 끊임없는 불만에도 불구하고 이를 무시하고 있어 지역민들의 불만이 점점 커지고 있었다.

일부 상수이 주민들이 주도한 '상수이를 되찾자' 캠페인은 개별 방문 제도를 통해 홍콩으로 들어오는 병행 수입업자들을 몰아내는 것이 목표였다. 이는 지역 주민들의 폭넓은 지지를 받았다. 4년 전에도 비슷한 '상수이를 되찾자' 시도가 있었으나, 경찰의 폭력적인 진압으로 끝이 났다. 그러나 이번에는 상수이 주민 전체, 심지어 지역 유지들과 노년층까지도 함께하며 더욱 큰 규모로 진행되었다. 하지만 경찰의 폭력적인 탄압은 경찰과 시민 간의 갈등을 더욱 고조시켰다.

7월 14일 오후, 시위의 '전선'은 샤틴(沙田, Shatin)으로 옮겨졌으며, 11만 명이 넘는 시민들이 행진에 참여했다. 행진은 평화롭게 시작되었으나, 해가 질 무렵 경찰은 폭동 진압대를 샤틴으로 투입해 군중을 해산시키려 했다. 특히 이날 마지

11만명 넘는 시민들이 샤틴에서의 행진에 참여했다.

막 격전지는 샤틴의 유명 쇼핑몰인 뉴타운 플라자(New Town Plaza)였다. 우리는 매주 예배를 마친 후 샤틴 집회에 합류했고, 샤틴에 도착했을 때는 이미 해질 무렵이었다. 우리는 한 무리의 폭동 진압 경찰들이 우리 쪽으로 뛰어오는 것을 보고 즉시 뉴타운 플라자로 뛰어들어 시위대에 합류했다.

오후 8시경, 시위가 마무리되었다. 아내와 나는 플라자 밖으로 나왔고, 경찰들이 줄지어 서 있는 긴장된 상황을 목격했다. 우리는 경찰 진압대를 지나 마온산(Ma On Shan) 노선을 따라 샤틴 와이(Sha Tin Wai)의 쇼핑몰에서 저녁을 먹으러 향했다. 오후 9시경, 폭동 진압대가 결국 뉴타운 플라자에 진입하며 관광객들은 물론 노인과 어린이들까지 공포에 빠졌다. 단순히 쇼핑몰에서 저녁을 먹으러 온 시민들도 많았으며, 이들은 이런 공포스러운 상황을 전혀 예상하지 못했다. 경찰이 쇼핑몰의 모든 출입구를 봉쇄하자 샤틴 주민들은 더욱 불안해했다. 이후, 행진에 참여한 젊은이들

이 시민들에게 탈출로를 안내하고 심지어 직접 데리고 나가기도 했다. 이러한 행동들은 지역 주민들에게 깊은 감동을 주었다. 이 시점에서 경찰의 과도한 무력 사용은 시민들과의 직접적인 충돌로 이어졌다. 샤틴 주민들은 정부의 행태를 규탄하고 경찰의 극단적인 법 집행 방식에 반대하며, 시위대 편에 서겠다고 선언했다.

우리는 젊은이들과 함께 논의하며, 송환법 개정안의 배후 조종자는 중국 공산당 중앙정부(中聯辦, HKMAO 및 LOCPG)라는 사실을 확인했다.

LOCPG(중국공산당 중앙정부) 사이완에서 데모

721 원랑(元朗) 테러

일주일 후인 7월 21일, 민간인권전선(Civil Human Rights Front)은 코즈웨이베이(Causeway Bay)에서 완차이(Wan Chai) 루어드 로드(Luard Road)까지 행진을 계획했다. 하지만 경찰이 지정한 종착지는 루어드 로드라는 이상한 장소였다. 이곳은 시위대를 수용하기에는 좁은 골목이었기 때문에, 시위대는 정부의 배치를 무시하고 원래 예정했던 차터 가든(Chater Garden)으로 향했다.

행진이 끝난 후 일부 시위대는 사이완(Sai Wan)의 중련판공실(LOCPG)로 이동했다. 우리는 가는 길에 경찰들이 곳곳에 배치된 것을 보았으며, 특히 LOCPG 근처에서 전투를 준비하는 듯한 모습을 목격했다. 이날 밤, 우리는 처음으로 '광복홍콩(光復香港), 시대혁명(時代革命)'이라는 구호를

들었다. 경찰들은 LOCPG를
철저히 방어하며 젊은이들과
대치했다. 그날 밤 가장 흥미
로웠던 일은 중국 공산당의
휘장을 훼손하고 LOCPG 벽
에 '광복홍콩, 시대혁명'이라
는 낙서를 하는 것이었다.

중국 공산당의 국가 상징 지우기

경찰은 최루탄, 고무탄, 빈백탄을 동원하며 자정을 넘어서까지 전투를
확장해 상완(Sheung Wan)까지 진압 작전을 펼쳤다. 한편, 우리는 귀가
중이었는데, 원랑(元朗) MTR역에서 흰옷을 입은 무장한 사람들이 기차
승객들을 무차별 폭행하고 있다는 소식을 들었다. 웹사이트에서는 원랑에
가지 말라고 경고했다. 그날 밤, 아내는 늦은 시간이었기 때문에 원랑에서
저녁을 먹자고 제안했지만, 우리는 공격 소식을 접한 후 대신 취안완
(Tsuen Wan)으로 향했다. 저녁 식사 후, 우리는 MTR 웨스트 레일 라인
을 타고 감슝로드(Kam Sheung Road)로 가기로 결정했습니다. 감슝로
드는 윈롱(Yuen Long)과 춘완웨스트(Tsuen Wan West) 사이의 중간역
이며, 당시 감슝로드에서는 어떠한 잠재적인 위협이나 사건도 발견되지
않았습니다. 따라서 우리는 춘완에서 감슝로드로 귀가하는 원래 계획대로
가기로 했습니다.

인터넷을 통해 원랑 동쪽 카이테이(Kai Tei) 근처에 흰옷을 입은 사람
들이 몽둥이를 들고 시민들을 폭행할 준비를 하고 있다는 정보를 입수했
다. 이들은 원랑의 촌락에서 온 사람들이었으며, 남상웨이(Nam Sang
Wai) 및 원랑 서철역(Yuen Long West Railway Station) 근처의 바비

큐장에서도 출발했다. 카이테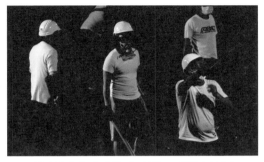
이에 도착하자마자 이들은
무차별 폭행을 시작했다. 인
근 레스토랑에서 퇴근하던
한 요리사는 그들에게 둘러
싸여 심각한 부상을 입었다.
원랑 시민들은 경찰에 신고

원랑역에서 승객을 구타하는 백인 남성들

했지만, 999 신고 센터에서는 아무도 전화를 받지 않았으며, 원랑 경찰서
에서도 응답이 없었다. 경찰은 아예 사라진 듯했다. 흰옷을 입은 남성들은
원랑 서철역으로 이동하여 입구에서 시민들을 폭행했으며, 입법회(立法
會) 의원인 람척팅(林卓廷)도 공격을 당했다. 경찰 두 명이 도착했으나 현
장을 보고도 떠났다. 흰옷을 입은 남성들은 심지어 기차 내부로 난입해
무차별 폭행을 가했다.

한 젊은 남성이 무릎을 꿇고 그들에게 멈추라고 요청했지만, 흰옷을 입
은 남성들은 폭력을 계속했습니다. 그들은 모두 삼합회 조직원들이었습니
다. 이들은 임산부와 입법회 의원을 포함하여 30명 이상을 부상시켰습니
다. 흰옷을 입은 남성 중 한 명은 사건 직후 심장마비를 일으켰습니다.
소방관과 구급차가 도착한 후에야 폭행이 멈췄습니다. 이후 입법회 의원
인 주니어스 호 콴유(Junius Ho Kwan-yiu)가 이번 공격에 가담한 흰옷
을 입은 남성들과 악수하는 모습이 촬영된 것이 밝혀졌습니다. 또한, 폭
동 진압 경찰이 원롱(Yuen Long)에서 흰옷을 입은 남성의 어깨를 두드
리며 미소 짓는 장면이 포착되었습니다. 당시 경찰 보조국장이었던 탕핑
캉(Tang Ping-keung)은 경찰이 폭력배들과 결탁했다는 의혹을 부인했
습니다.

이남자는 백인 남성들에 의해
심각한 부상을 입었다

흰옷입은 사람들이 무차별하게
시민들을 윌롱 MTR역에서 폭행함

　이날 밤, 원랑 주민들은 경찰서에 범죄 신고를 하러 갔으나 경찰서는
정문을 닫고 있었다. 일부는 틴수이와이(Tin Shui Wai) 경찰서로 갔지
만, 상황은 동일했습니다. 결국 경찰은 두 시간이 넘어서야 나타났습니다.
이는 홍콩 역사상 가장 충격적인 사건으로, 가해자는 삼합회 조직원이었
고, 경찰은 그들을 방조했습니다. 그날로부터 홍콩 사람들은 경찰에 대한
신뢰를 완전히 잃었으며, 경찰을 '흑경(黑警, 부패한 경찰)', '삼합회', '사회
평화 파괴자', '법을 어기는 자'로 여기게 되었습니다. 인구의 절반이 경찰을
전혀 믿지 않게 되었습니다. 홍콩 시민들은 결국 스스로를 지킬 수밖에
없다는 사실을 깨닫게 되었습니다.

　이날 이후로, 이전까지 정
부와 경찰을 지지하던 일부
사람들도 경찰과의 관계를
끊었습니다. 이제 경찰은 더
이상 홍콩 시민들의 눈에 법
집행 기관이 아니라, 흑경
(黑警), 삼합회 조직원, 사회

한 시민이 흰옷입은 남성들에게 폭행당함

질서를 파괴하는 자, 그리고 법을 어기는 자들로 보이게 되었습니다. 이날
이후로, 홍콩 시민들은 경찰과 완전히 다른 편에 서게 되었습니다.

흰옷입은 사람들이 시민들을 폭행하기 위해 쫓고 있다.

게다가, 우리는 흰옷을 입은 남성들이 중국 중앙 정부 연락판공실(LOCPG)의 지시에 따라 모집되었으며, 주니어스 호 관유(Junius Ho Kwan-yiu)가 시위대를 폭행하도록 초대한 사실을 알고 있습니다. 이로 인해 홍콩 시민들의 중국 공산당(CCP)에 대한 불만은 더욱 커질 것입니다. 동시에, 홍콩 시민들은 **'광복홍콩, 시대혁명(光復香港, 時代革命)'**의 이념을 실현하기 위해 계속해서 맞서 싸울 것입니다.

주니우스 호관유는 흰옷을 입은 남자들의 보스이다.

하나님께 감사드립니다! 온라인 그룹을 통해 긴급 메시지를 받았고, 목적지를 급히 춘완(Tsuen Wan)으로 변경할 수 있었습니다. 만약 윈롱(Yuen Long)으로 가서 다른 대중교통으로 환승하거나 저녁 식사를 했다면, 우리도 그 폭행 사건의 피해자가 되었을 것입니다. 그렇기에 저는 이 위기 속에서도 하나님의 도우심을 믿습니다.

하나님께서 홍콩을 이 어둠의 길에서 인도하시고, 홍콩 시민들에게 평화를 주시기를 기도합니다. 또한, 하나님께서 악하고 불의한 정권을 심판하시어, 이 사악한 체제가 하루빨리 무너질 수 있도록 기도합니다. 더욱 기쁜 것은, 저의 친구이자 동급생인 양콕와이(Rev. Yeung Kwok-wai) 목사님께서 중국 공산당과 홍콩 경찰의 악행을 직접 목격하고, 이제는 홍콩의 청년들을 지지하게 되었다는 사실입니다.

홍콩 시민 여러분, 힘을 내십시오!

7월 24일 위안롱 MTR에서 721명의 백인 남성에 대한 홍콩인들의 반응 – 위안롱 MTR에서 사람들에 대한 무차별 공격, 위안롱이 행진하며 시위하고 있습니다.

10. 우리시대의 혁명

　'우리시대의 혁명'이라는 구호가 홍콩 범죄인 인도 법안(반송중국법) 반대 운동에서 처음 울려 퍼진 것은 2019년 7월 21일 저녁이었다. 검은 옷을 입은 한 무리의 젊은이들이 중국 중앙정부 연락판공실(LOCPG)로 향하는 길에 이 구호를 외쳤다. 이날 시민인권전선(Civil Human Rights Front)이 주최한 시위는 코즈웨이베이의 빅토리아 공원에서 완차이의 루아드 로드까지 행진하는 일정으로 계획되었지만, 일부는 LOCPG까지 행진을 이어갔다. 나는 그날 시위 도중 스타추 광장에서 잠시 휴식을 취하고 있을 때, 이 젊은이들이 "시대 혁명"을 외치는 모습을 처음 보았다. 그들이 LOCPG에 도착했을 때, 폭동 진압 경찰과 충돌이 발생했다.

'우리 시대의 혁명'은
에드워드 렁의 선거 슬로건이었다.

　"우리시대의 혁명"이라는 구호는 2016년 홍콩 입법회 보궐선거 당시 에드워드 렁(Edward Leung)의 선거 구호였다. 이 구호는 "말한 것을 행동으로 옮기고, 우리 세대를 위한 혁신을 이루자"는 의미를 담고 있다. 새로운 시대를 맞이하여 젊은이들은 변화에 대응하기 위해 혁신과 개혁을 추구해야 하며, 정부의 부패하고 경직된 정책에 맞서야 한다. 이런 관점에서 혁명은 아래로부터 시작되는 변화이며, "우리시대 의 혁명"은 권력 집중이 초래하는 사회적 불평등에 대한 대응을 의미한다.

과거 사회주의는 전후(戰後) 빈곤의 시대를 지나 사회가 발전하고 문명이 고도화되는 역사적 사회 조건에서 등장했다. 생활 수준이 향상되면서 사람들은 더 많이 교육받고, 사회 또한 발전했다. 중국을 예로 들면, 황제시대와 비교했을 때 근대 중국 사회는 더 많은 지식을 갖춘 사람들이 등장했다. 청나라에서 중화민국으로 변화하면서 사람들은 새로운 사상을 받아들였으며, 5.4 운동을 통해 서구에서 유입된 사회주의와 자본주의 사상이 함께 확산되었다.

그러나 당시 중국인의 대다수는 여전히 농업에 종사하며 문맹이었고, 사회 문제나 정치에 관여하지 않았다. 민주주의, 자유, 인권이라는 개념조차 알지 못했다. 전쟁, 중국 공산당(CCP)의 정치 운동, 대약진 운동, 문화대혁명을 겪으면서 인권을 논하는 것은 사치에 불과했다. 경제 개혁 시기에는 개인적인 경제적 안정과 만족을 추구하는 데 집중했다. 법치 개념조차 제대로 확립되지 않았고, 정치나 인권 문제에 대한 관심도 낮았다. 중국의 경제 개혁 과정에서 상대적인 자유가 주어졌지만, 이는 진정한 자유라기보다는 단순한 경제적 역할 수행에 불과했다.

중국 공산당이 정권을 잡은 이후 여러 정치적 운동이 이어지면서, 많은 중국 본토 이민자들이 홍콩으로 유입되었다. 오늘날 "동양의 진주"라고 불리는 홍콩은 그들의 노력과

우리시대의 혁명 건물

함께, 영국이 제공한 자유, 법치, 그리고 질 높은 교육 기회를 바탕으로 성장했다. 이러한 과정에서 홍콩인들은 민주적 사회를 형성하기 시작했다. 1980년대 영국 정부는 홍콩에 대표 정부 제도를 도입하여, 구의회, 입법회, 도심 의회를 설립했다. 반면 중국은 국민에게 자유와 민주주의를 약속한 적이 없다. 1989년 천안문 광장 학살은 중국 공산당의 독재를 보여주는 대표적인 사례이다.

홍콩 민주화 운동의 슬로건은 '우리시대의 혁명' 이었다.

1997년 홍콩 반환 이후, 홍콩이 중국 공산당에게 요구한 정치적·민주적 자유는 실현되지 않았다. 오히려 이 자유는 점점 후퇴하고 있다. 중국 공산당은 집권 70년 동안 중국 내 민주 개혁을 단 한 번도 추진하지 않았다. 오늘날까지 개혁은 경제 분야에서만 이루어졌으며, 정치나 종교 개혁은 전혀 이루어지지 않았다. CCP가 경제 발전을 위해 극히 일부의 정치적 양보를 한 적은 있지만, 이는 어디까지나 경제적 필요에 따른 것이었다.

"일국양제(一國兩制)"는 홍콩 통치의 헌법적 원칙이지만, 중국은 이를 통해 정치 개혁을 시도하는 것이 아니라 오히려 홍콩에 대한 통제를 강화하고 있다. 따라서 "시대 혁명"은 CCP의 권력 독점을 끝내고, 홍콩에 실질적인 자치와 보편적 참정권을 보장받기를 바라는 마음에서 비롯되었다. 우리는 홍콩을 해방하고, 더 나아가 중국을 해방하기를 희망한다. 중국인들이 진정한 민주주의, 자유, 법치 아래에서 살 수 있기를 바란다. 이는 1989년 천안문 시위 학생들이 요구했던 것과도 동일한 바람이다. "우리시대의 혁명"의 핵심은 바로 이 두 가지 요구이다.

큰 배너는 센트럴에서의 행진에서 우리 시대의 혁명을 보여줍니다.

이것은 신이 우리에게 내린 변화의 부름이다. "우리시대의 혁명"은 홍콩뿐만 아니라 중국에도 적용되며, 현재의 정치적 관계를 고려했을 때 한쪽만 해방될 수는 없다. 홍콩과 중국의 운명은 연결되어 있으며, 중국 공산당이 무너지고 진정한 민주주의와 자유를 갖춘 중국이 수립될 때 비로소 완전한 해방이 가능하다. 홍콩의 실질적 보편 참정권 실현은 중국 해방을 위한 첫걸음이 되어야 한다.

홍콩의 정치 운동은 송환중국법 반대 운동에서 시작되어, 이제는 홍콩과 중국 모두의 변화를 요구하는 혁명으로 발전했다. 이 혁명은 민주주의, 자유, 법치라는 가치를 수호하고, 영국 식민지 시절부터 이어진 홍콩의 정체성을 지키고자 한다. 하지만 1997년 반환 이후 중국 공산당은 홍콩 기본법을 자의적으로 해석하고, 홍콩 입법회를 개입하여 "일국양제" 체제를 점점 무력화시키고 있다.

이 혁명을 1911년 신해혁명 이후 두 번째 혁명으로 만들고자 한다. 우리는 중국인들이 정치적 탄압에서 벗어나 존엄성과 자율성을 갖기를 바란다.

"하나님은 우리의 피난처이시며 힘이시니, 환난 중에 만날 큰 도움이시라. 그러므로 땅이 변하든지, 산이 바다 가운데로 빠지든지, 바닷물이 소용돌이치며 요동치든지, 산이 흔들릴지라도 우리는 두려워하지 않으리라."

不 是 因 為 看 到 希 望 才 堅 持
We perist not because of seeing hope
是 因 為 堅 持 才 看 到 希 望
But perist in order to see the hope

光 復 香 港 時 代 革 命
Liberate Hong Kong, the revolution of our times

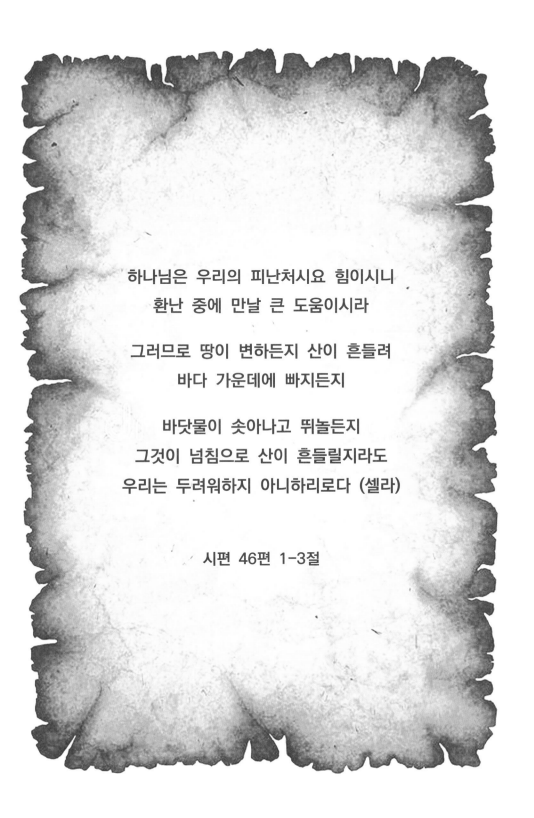

하나님은 우리의 피난처시요 힘이시니
환난 중에 만날 큰 도움이시라

그러므로 땅이 변하든지 산이 흔들려
바다 가운데에 빠지든지

바닷물이 솟아나고 뛰놀든지
그것이 넘침으로 산이 흔들릴지라도
우리는 두려워하지 아니하리로다 (셀라)

시편 46편 1-3절

11. 국제 캠페인

반송환법 반대 운동은 전 세계에서 지지를 얻었습니다. 6월 16일, 200만 명의 홍콩 시민들이 거리로 나서며 전 세계의 관심을 끌었습니다. 특히 트럼프 미국 대통령은 이를 "자신이 살아오면서 본 가장 많은 사람이 참여한 평화적 시위"라고 칭찬하며, 홍콩 시위에 높은 평가를 했습니다.

우리는 홍콩 시민들의 지지를 얻었고, 하나의 요구사항인 송환법 개정안 철회를 외쳤습니다. 그럼에도 불구하고 캐리 람은 우리의 요구를 계속해서 거부했습니다. 경찰은 점점 더 폭력적인 수단을 동원해 홍콩 시민들에게 공격을 퍼부었고, 한 응급 구조사는 고무탄에 맞아 오른쪽 눈을 잃었으며, 경찰은 삼합회와 결탁해 시위자를 해쳤습니다. 이러한 일들은 시민들과 경찰 사이의 적대감을 더욱 심화시켰습니다. 우리는 국제적인 캠페인을 강화할 수밖에 없었습니다.

시위자들이 중국 공산당을 제거해 주시기를 하나님께 기도하고 있다.

기쁘게도, 트럼프 대통령의 지

지가 이 운동을 미중 무역 협상
과 연결시키는 계기가 되었습니
다. 그는 시진핑 중국 국가 주석
에게 홍콩에서의 평화적 시위자
들을 인도적으로 대우하라고 요
구하며, 이를 협상의 전제 조건
으로 삼았습니다. 한편, 홍콩 인

G7 리더들과 정상회담 2019

권 및 민주주의 법안은 미국 의회에 다시 상정되었고, 연휴가 끝난 후 차
기 임기 동안 논의되고 통과될 것으로 예상되었습니다. 영국에서는 외교
장관이 중국에 1984년 중영 공동 선언을 존중하라고 촉구했으며, 이는
법적 구속력이 있는 문서로, 중국이 이를 위반하면 심각한 결과를 초래할
수 있었습니다. 그러나 중국 공산당과 외교부는 이를 '역사적 문서'로 취
급하며, 미국 대통령도 이를 유효한 법적 문서로 간주하고 중국 정부가
준수해야 한다고 언급했습니다.

　홍콩의 젊은 시위자들은 홍콩에 있는 외국 총영사관을 방문하여 세계
각국의 지지를 호소했습니다. 이로 인해 홍콩 시민들은 도시 곳곳에서 지
지의 반응을 받았습니다. G7 정상 회담 동안, 홍콩 시민들은 전 세계 주
요 신문에 광고를 게재하기 위해 크라우드펀딩을 진행했습니다. 광고는
각국 언어로 '홍콩 반송환법 운동'과 '홍콩 시민들의 5가지 요구사항'을
지지해 줄 것을 요청하며, G7 국가들이 중국과 홍콩 정부에 압력을 가할
것을 촉구했습니다. 우리는 1000만 홍콩 달러를 모아 19개국 주요 신문
과 매체에 1면 광고를 게재했습니다. 그 결과, G7 국가들과 전 세계 대부
분의 국회의원과 시민들로부터 긍정적인 반응을 얻었습니다. 홍콩 시민들
은 세계에 광고를 게재했고, 이를 두 차례나 진행했습니다.

유엔 인권 이사회는 홍콩 가수 덴니스 호를 초대하여 회의에서 반송환법 운동을 소개하도록 했습니다. 덴니스 호는 짧은 연설을 통해 운동을 소개하고 중국 공산당의 개입을 비판했습니다. 중국 대표의 두 차례 방해에도 불구하고 그녀는 연설을 마쳤고, 다른 국가 대표들로부터 찬사와 지지를 받았습니다.

호주 시민들의 지지

7월 6일, 런던에서 홍콩 시민들은 뮤지컬 '레 미제라블'의 노래를 부르며 반송환법 운동을 지지하는 첫 번째 행사로 시작했습니다. 그 후 36개 도시와 국가에서 시위가 열렸습니다. 시위가 열린 국가로는 미국, 캐나다, 영국, 프랑스, 독일, 호주, 일본, 뉴질랜드, 대만, 체코 등이 있습니다. 'Save Hong Kong'과 'Hongkongers fight on' 등의 구호가 외쳐졌으며, 홍콩 정부의 5가지 요구를 지지했습니다. 독일에서는 '폭도들이 아닌 독재자들'이라는 배너가 등장해 홍콩 시민들을 격려했습니다. 비록 일부 중국 유학생들이 방해했지만, 승리는 항상 우리의 편에 있었습니다.

영국 및 영국 시민들의 지지

중국 공산당은 반송환법 운동을 독립적인 운동으로 정의하고 이를 억압하기 위해 홍콩 내 공산주의자들을 보내고 중국 전역의 사람들을 세뇌시키고 있습니다. 우리의 동지들은 중국 본토로 편지를 보내어 이 운동의 기원과 목표를 설명하며, 홍콩 독립과는 관계없다는 점을 명확히 했습니다. 우리는 송환법에 반대하는 운동이며, 홍콩과 중국의 미래 세대를 위한 민주적 자유와 법치주의를 위한 싸움이라는 점을 강조했습니다. 이는 1989년 민주화 운동과 같은 맥락입니다. 그럼에도 불구하고 중국 유학생들과 친중 성향의 사람들은 우리를 공격하며 일부 도시에서 시위가 방해를 받았습니다.

그러나 해외에서의 반응은 고무적이었습니다. 9월 29일 오후, 우리는 대만 입법원 앞에서 독재에 반대하는 시위에 참여했습니다. 이는 홍콩 반송환법 운동을 지지하며, 중국 공산당의 억압에 맞서 싸우는 대만과의 연대 시위였습니다. 많은 홍콩 시민들이 시위에 참여했으며, 비가 오는 날씨에도 10만 명 이상이 시위에 참여했습니다. 그 중 한 명은 입법원 침입 사건 후 대만으로 이주한 홍콩 동지였고, 그녀의 연설은 우리에게 깊은 감동을 주었습니다.

영국 영사관에 도움을 요청   미국 영사관에 도움을 요청

서방 국가들의 정부와 국민들에게 우리는 깊은 감사를 표합니다. 그들의 지지는 우리에게 홍콩 송환법에 맞서 싸우는 데 있어 우리가 혼자가 아니라는 것을 보여주었습니다. 이 운동은 우리의 캠페인의 결실이며, 전 세계가 폭정에 저항하는 행동의 결과입니다. 우리는 내년에 독립적인 조

사를 요구하고 진정한 보편적 선거권을 달성할 때까지 싸울 것입니다. 해외에서의 친절한 지원과 미국 대통령 및 의회 의원들의 도움을 받으며 끝까지 싸울 것입니다.

지금까지 우리는 전 세계 60개 이상의 도시에서 시위를 이끌어냈으며, 미국 대통령은 이미 미중 무역전쟁과 홍콩 시위를 연계시켰습니다. "자유를, 홍콩을 지켜라"는 구호는 국제적 지원을 요

캐나다 및 기타 서방 국가에 도움을 요청하다

청하는 집회에서의 우리의 기도였습니다. 센트럴의 에든버러 광장에서 열린 집회에서 두 명의 목사가 세계에 호소하며, "홍콩을 구해주소서!"라며 하늘을 향해 기도했습니다. 우리는 여러 언어로 호소했습니다. G7 국가들 외에도 우리는 세계 각국에 광고를 통해 시위의 진실을 알렸습니다.

국제사회에 보내는 우리의 메시지는 명확했습니다: 홍콩은 위기 상황에 처해 있으며, 중국 공산당은 '일국양제(一國兩制)' 원칙을 훼손하고 민주주의와 법치주의를 파괴하고 있습니다. 이 법안은 단순한 법이 아닌, 홍콩을 억압

타이완 시민들이 홍콩 송환법 반대를 지원

하며 자유와 인권을 말살하는 도구였습니다.

SOS가 국제 사회에 전송되다

이는 홍콩만이 직면한 위기의 문제가 아니라, 전 세계를 향해 다가오는 독재의 물결 즉 서방 국가들에게 중국 공산당의 폭정이 세계적으로 퍼지고 있음을 극명하게 보여주는 사례인 것입니다. 우리는 이제 전 세계의 도움이 필요한 순간이며 서로 연대하여 우리 홍콩 시민들과 함께 저항하며 싸워야 합니다. 홍콩 시민들과 함께 자유민주주의를 바로 수호해야 할 때입니다.

국제사회에 도움을 요청하고 있다

홍콩 인도적 지원을 위한 기도 글

국제 인도적 지원을 위한 기도 모임

12. 대규모 파업과 수업거부

2019년 8월 5일 시 전역 파업의 날

2019년 반송환법 운동의 시작 이후, 세 차례의 대규모 도시 파업이 있었습니다. 파업은 2019년 8월부터 매월 한 차례씩 진행되었으며, 각 파업은 규모가 다르지만 점점 더 많은 지역에 영향을 미쳤습니다.

첫 번째 파업:

- 첫 번째 대규모 파업은 2019년 8월 5일에 시작되었습니다. 이 파업은 다양한 산업 분야에서의 참여를 포함하였으며, 이른바 "세 가지 파업"의 일환으로 조직되었습니다. 이는 일반 파업, 상점 운영 중단, 그리고 수업 거부를 포함합니다.

두 번째 파업:

- 두 번째 파업은 운송 부문으로, 일부 항공사인 캐세이 퍼시픽의 조종사와 승무원들이 포함되었습니다. 약 3,000명의 항공

도시 파업 행진

운송 근로자들이 이 파업에 참여한 것으로 추산됩니다.

- 뉴 월드 퍼스트 버스 운전기사는 약 200명으로 전체 운전기사의 15%가 참여했습니다. 또한, 사회 복지 관련 종사자 및 정당 직원들이 집회에 참석했습니다.

세 번째 파업

- 많은 학생들은 여름 방학 중에 수업 거부를 선택함으로써 파업에 참여했지만, 일부 고등학교 학생들은 수업에 참가하였습니다. 주여 참여자들은 교사, 디즈니랜드 직원 등 다양한 직종의 근로자들이 참여했습니다. 공무원들도 적극적으로 파업에 나섰습니다. 400명 이상의 간부들이 파업 집회를 소집했으며, 수백 명의 사람들이 비협조 행동에 참여했습니다. 이들은 지하철 및 주요 도로를 차단하여 출근에 어려움을 주었습니다.

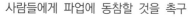

사람들에게 파업에 동참할 것을 촉구   파업 및 집회

집회

여러 지역에서 집회가 열렸고, 사람들은 돌아가면서 발언하며 일제히 구호를 외쳤습니다. 중앙에서는 5만 명 이상의 정부 직원들이 참여한 특별한 공무원 집회가 있었습니다.

　　이 집회에는 140명의 행정관과 400명의 간부들이 참석했으며, 과거의 행정 및 고위 공직자들도 참여했습니다. 홍콩의 여러 직종 근로자들이 정부와의 갈등을 표출하고, 한목소리로 자신들의 요구를 관철시키기 위해 모였다. 시위 참여자들은 캐리 람 정부에 사퇴를 요구하며 구호를 외쳤습니다. 이 시위는 홍콩 역사상 가장 큰 공무원 집회로 기록되었으며, 반송환법 운동과 함께 진행되었습니다.

| 홍콩을 위한 파업 | 사회복지 및 종교 종사자 부문이 파업 |

전국적 파업 및 학급 보이콧

- 9월 2일은 새 학기가 시작되는 날이었고, 많은 고등학교와 대학에서 학생들이 보이콧에 참여했습니다. 학생들은 학교 정문과 교실 밖에서 인간 사슬을 형성하며, 반송환법 운동을 지지하는 구호를 외쳤습니다. 학생들은 "홍콩을 위해 투쟁하자"라는 슬로건을 외쳤으며, 많은 학교가 보이콧에 참여하는 양상이 나타났습니다. 또한, 에든버러 플레이스와 센트럴에서 열린 집회에서는 많은 사람들이 참석하여 운동을 지지하는 의사를 표현했습니다.

산업별 파업

- 여러 산업 단체들이 참여한 "홍콩 구하기" 집회도 열렸습니다. 이는 의료와 사회 복지 부문을 포함한 21개의 산업 단체들로부터 지지를 받았습니다.

의료 및 건강복지부문이 파업

노동조합의 참여

- 노동조합 연합은 회원들에게 파업과 회의에 참석할 것을 촉구했습니다. 차터 가든과 맥퍼슨 놀이터 등 여러 장소에서 모임이 이루어졌고, 의료부문에서도 200곳 이상의 공공 병원이 파업에 동참하는 상황이 벌어졌습니다.

파업의 확산

- 이러한 파업과 학급 보이콧은 점차 격화되어 가고 있었으며, 홍콩에서는 계속해서 격렬한 저항이 이어지고 있었습니다.

기념일과 배경

- 10월 1일은 중화인민공화국의 세우고 70주년이 되는 날로, 중국 공산당의 기념일입니다. 이날을 '애도의 날'로 간주하며, 홍콩 시민들이 이 날을 기념하기 위해 파업과 보이콧을 시행했습니다.

전국적인 파업과 보이콧

- 10월 1일부터 7일까지는 70주년 기념에 반대하는 전면적인 파업이 계획되었습니다. 이 기간 동안 시민들은 비디오 상영과 집회를 통해 70년의 고통과 비극에 대해 돌아보는 시간을 가졌습니다.

반독재 시위의 일환

- 이 파업은 반송환법 시위의 중요한 일환으로, 시민들과 피해자들이

부정적인 정권에 맞서 자신의 입장을 가지고 행동해야 한다고 강조합
니다.

운동의 목표

- 이 운동은 중국 공산당을 타도하고 홍콩과 중국 본토를 해방하려는
  목표를 가지고 있습니다. 이들은 홍콩 시민들과 본토 중국인들이 함께
  나서서 자유를 위한 싸움에 동참할 것을 촉구하고 있습니다.

사회적 관련 분야의 비중

- 사회 복지 및 종교 분야의 근로자들이 파업에 참여하고 있으며, 의료
  및 건강 관리 부문에서도 대규모 시위가 벌어지고 있습니다.

자유를 위한 외침

- '중국을 해방하라'는 구호를 통해 현재의 혁명이 필요하다고 주장합
  니다.

13. 홍콩의 길 - 인간사슬

발트의 길 - 인간사슬　　　　　　발트의 길 기념관 사인

1. **1985년 영국 버크셔**

이 시위는 미국이 서독에 핵 미사일을 배치하는 데 반대하기 위해 사람들이 모여 인간 사슬을 형성한 것이었습니다. 이 사건은 정치적 입장을 표현하는데 중요한 역할을 했습니다.

2. **발트의 길 (1989년 8월 23일)**

가장 유명한 예시 중 하나가 여기서 나옵니다. 당시 에스토니아, 라트비아, 리투아니아 사람들은 소련으로부터의 독립을 요구하며 약 200만 명이 함께 손을 잡고 60킬로미터 길이의 인간 사슬을 만들었습니다. 이 행사는 '발트의 길'이라는 이름으로 알려져 있으며, 그들은 독립을 원한다는 강력한 메시지를 전했습니다. 당시 발트 3국의 총 인구는 약 800만 명이었기에, 이처럼 많은 사람들이 참여한 것은 그만큼 독립의 의지가 강했다는 것을 의미합니다. 이런 대규모 시위에 대해 소련 정부는 폭력적으로 대응하지 않았습니다. 이는 발트 국가 인들이 고통받았던 역사적 맥락에서 중요한 점입니다.

3. **1983년 서독의 시위**

1983년 서독에서 약 40만명이 NATO의 미사일 배치 계획에 반대하기 위해 집합한것 이 또한 사람들이 모여 의견을 표현하는 강력한 방법 중 하나였음을 보여줍니다.

결국, 인간 사슬이 단순한 시위 방식이 아니라, 사람들이 함께 모여 힘을 합치는 상징적인 행위임을 강조하고 있습니다. 여러 역사적인 사건을 통해 인간 사슬이 버팀목이 되어 사람들의 목소리를 세상에 알리는 중요한 역할을 해왔음을 설명합니다. 인간 사슬은 전 세계의 여러 정치적 및 사회적 운동에서 평화적인 시위의 형태로 많이 사용됩니다.

4. **홍콩 시위**

2019년 홍콩의 반 송환법 운동 중, 온라인 커뮤니티 LIHKG는 '홍콩 웨이(Hong Kong Way)'라는 인간 사슬 이벤트를 제안했습니다. 이 이벤트는 국제 사회에 대한 우려를 환기시키기 위한 목적이 있었습니다. 일부 지역에서는 사슬의 구간이 두 배, 심지어 세 배로 늘어났으며, 줄기를 기다리는 시민들을 포함하면 총 참가 인원이 210,000명이 넘었다고 합니다.

홍콩의 길 – 인간사슬을 해안가부터 산으로 까지 이어짐

구성된 라인

"홍콩 웨이"는 홍콩의 세 주요 기차 노선인 아일랜드 라인, 츈완 라인, 그리고 크운통 라인을 따라 이어졌으며, 스타 페리를 통해 항구와 연결되었습니다. 주최자들은 페이스북 페이지에 이 행사에서 원래 45킬로미터의 길이에서 추가로 15킬로미터를 더해 총 60킬로미터로 확장되었다고 언급했습니다. "홍콩 웨이"는 시민들이 스마트폰의 플래시를 사용하여 각 지역에서 인간 사슬을 형성한 행사입니다.

행사 일시

2019년 8월 23일에 계획되었으며, 이는 계획대로 진행되었습니다.

목적

홍콩 시민들의 결의를 세계에 알리고, 그들의 힘을 모아 정부에 대한 반대와 연대를 표현하기 위함입니다. 시민들이 법을 지키며 평화롭게 진행되었으며, 홍콩을 보호하기 위해 함께 일하자는 취지로 조직되었습니다.

참여 지역

라이온 록, 가든 힐, 훈 홍, 퀴론 츠아이, 차이완 로드, 쓰엔 완 타운 센터 등 여러 지역에서 진행되었습니다.

홍콩의 길 – 인간 사슬에서 라이온 록산 구룡

결과

결국, 210,000명이 넘는 홍콩 시민들이 이 행사에 참여하여 인권 문제에 대한 강력한 메시지를 전달했습니다. 시민들은 이 행사에 적극적으로 참여하고 온라인으로 인간 사슬 형성을 요청했습니다.

홍콩에서 학생들도 또한 인권을 지지하기 위해 형성한 인간 사슬을 만들었습니다.

1. **배경**

2019년 9월13일 초등학교와 세 개의 중학교에서 수업 거부 집회가 열렸고, 학생들은 사우 완 호(Sai Wan Ho)에서 인간 사슬을 형성하고 경찰서까지 이어졌습니다. 참여자들은 항의의 아이콘인 반송환 운동의 노래를 불렀습니다.

2. **행사 과정**

8월 23일부터 학생들과 졸업생들은 정부에 대한 항의의 일환으로 인간 사슬에 참여하기 시작했습니다. 홍콩 전역에서 120개 이상의 학교가 참여하여, 두 번째 주 동안 여러 학교의 학생과 졸업생들이 인간 사슬을 형성했습니다.

3. **슬로건**

참가자들은 "다섯 가지 요구, 하나도 빼지 말 것"이라는 슬로건을 외쳤습니다. 이는 당시 홍콩에서 요구되고 있던 정치적 변화와 관련이 있습니다.

4. **특정 사례**

중추절 밤에 시민들은 "다섯 가지 요구" 문구가 적힌 손수제작한 랜턴을 들고 축제를 기념하며, 밤 10시 경 빅토리아 파크에서 4개의 인간 사슬을 형성했습니다.

학생들도 인간 사슬에 참여

기타 활동

- 다양한 지역에서 시민들이 인간 사슬을 형성하며 슬로건을 외치고, 노래를 부르는 등의 활동을 이어갔습니다.

1. **행사 개요**

- 시민들이 "인간 사슬"을 형성하며 정치적 요구사항을 외쳤습니다. 이들은 린 록(Lion Rock)과 빅토리아 피크(Victoria Peak)에서 모였습니다.

2. **참여 시민**

- 수백 명의 시민이 참여하였으며, 일부는 스마트폰, 플래시라이트, 레이저 포인터를 이용해 '빛의 사슬'을 형성했습니다.

부상당한 눈을 가리고 홍콩웨이를 걷는다.   국제 지원 홍콩 웨이

3. **기타 활동**

- 중추절 이후, 마온산(Ma On Shan)에서 주민들이 랜턴을 들고 슬로 건을 외치며 인간 사슬을 형성했습니다. 이 슬로건은 "다섯 가지 요 구, 하나도 빼지 말 것", "홍콩, 우리의 혁명" 등의 내용이었습니다.

4. **국제 연대**

- 2019년 10월 1일에는 대만의 대학생들이 홍콩 문제에 대한 관심을 표명하며 집회를 가졌습니다.

5. **추진 목적**

- 행사들은 자유와 민주화를 위해 결속하고자 하는 시민들의 의지를 나타내며, 홍콩 내외부에서의 연대감을 강화하기 위한 노력입니다.

홍콩아 힘을 내라

14. 죽음의 기차역

경찰이 2019년 8월 31일 프린스 에드워드 역에서 시위자를 사살했다.

2019년 8월 31일은 '우산 혁명'(Occupy Central) 5주년이었다. 5년 전 같은 날, 중국 전국인민대표대회(전인대)는 '8·31 결정'을 발표하며 홍콩 행정장관 선거를 중앙정부가 결정하는 방식을 제시했다. 민주주의와 보통선거를 요구하는 홍콩 시민들에게 이는 시민 지명제 거부를 의미하는 결정이었다. 8·31 결정이 발표된 지 한 달도 채 되지 않아, '우산 혁명'을 제안한 베니 타이(Benny Tai)는 애드미럴티 정부청사에서 공식적으로 점거 운동을 시작한다고 선언했다.

5년이 지난 현재, 홍콩은 '반송법(범죄인 인도법) 반대 운동'으로 혼란에 빠져 있었다. 8월 31일, 민간인권전선이 주도하는 시위 행진이 계획되었으나, 경찰이 집회 금지 통보를 내리면서 무산되었다. 이에 네티즌들은

경찰이 기차 안에서 시민들을 무차별적으로 폭력을 휘두름

거리로 나와 항의하는 방식의 시위를 제안했고, 많은 시민이 이에 동참했다. 네티즌들이 제안한 '죄인을 위한 기도 행진'에 호응해 군중이 거리에 나섰다.

그날 밤, 경찰과 시위대 간 충돌이 발생했다. 경찰은 물대포와 최루탄을 사용해 시위대를 공격했다. 홍콩섬 완차이에서부터 구룡의 몽콕과 프린스에드워드까지 경찰은 극단적인 무력을 사용하며 검거 작전을 펼쳤다.

몽콕에서는 시위대가 도로를 봉쇄하며 방어선을 구축했지만, 경찰이 곧 도착해 시위대를 몽콕 지하철역으로 몰아넣었다. 같은 시각, 22시 45분경, 관통선(구룡통선) 티우킹렝 방면 열차(3번 승강장)에서 시위대와 이들을 비난하는 중년 승객들 간에 언쟁이 벌어졌다. 이후 시위대는 플랫폼에서 기자들을 공격하려는 승객들이 있다고 주장했다. 양측은 기차 문 앞에서 소리치며 물병과 우산을 던졌고, 누군가는 금속 망치를 휘둘렀다. 시위대는 소화기를 분사해 객실을 뿌옇게 만들었고, 한 여성은 시위대의 모습을 촬영하다가 휴대폰을 빼앗으려는 상황이 벌어졌다. 몸싸움 끝에 플랫폼 스크린도어가 파손되었다.

경찰은 에드워드왕자기차역에서 시민들을 무차별로 죽도록 폭행함

이후 누군가 경찰에 신고했고, 23시경, 특수전술부대(STS)와 진압경찰 약 100명이 4번 승강장(센트럴 방면) 열차로 진입해 곤봉과 페퍼스프레이를 사용해 시위대를 구타하고 무차별적으로 체포하기 시작했다. 당시 열차에 있던 많은 시민들은 자신이 시위에 가담하지 않았음에도 불구하고 폭행을 당했다고 증언했다. 플랫폼은 비명이 가득했고, 일부 승객들은 페퍼스프레이를 맞고 울며 웅크렸다. 경찰이 계속 폭력을 행사하자 시민들은 소리치며 저항했다.

에드워드왕자기차역에서 6명의 10대 소년들이 살해되었다.

열차는 야우마테이역으로 이동했고, 부상자들이 하차했다. 열차 내부는 아수라장이었으며, 피 묻은 휴지, 거즈, 기저귀 등이 널려 있었다. 경찰은 플랫폼에서 사람들을 몰아냈고, 이후 프린스 에드워드역이 폐쇄되었다. 기자와 구급대원들도 강제로 밖으로 쫓겨났다.

역 출구 밖에서 구급대원들은 '구조 방해는 국제 인도법 위반'이라는 배너를 들고 부상자 치료를 허용해 달라고 간청했지만, 경찰은 이를 무시했다. 역 내부에 있던 일부 구급대원들은 벽을 마주 보고 서라는 지시를 받았고, 응급 치료를 하지 못하게 막혔다. 몇몇 구급대원들은 신원을 확인한 뒤 체포되기도 했다.

사건이 발생한 후, 경찰은 프린스 에드워드역을 '범죄 현장 봉쇄'라며 출입을 제한했고, 소방당국의 구급차와 지휘 차량이 도착했지만 초기에는 역 내부로 들어갈 수 없었다. 소

기차승객들은 매우 공포스러웠다.

방대원들이 역으로 진입을 요청했지만, 경찰은 최소 두 차례 '부상자가

이 3명의 소년들은 에드워드기차 안에 경찰에 의해 죽임

없다'며 진입을 거부했다. 결국 경찰이 자체적으로 판단해 부상자들을 다른 역으로 이송한 뒤 병원으로 후송했으며, 부상자들이 병원에 도착하기까지 2시간 반이 걸렸다.

이 작전으로 경찰은 13세에서 36세 사이의 63명을 불법 집회, 기물 파손, 공무집행방해 등의 혐의로 체포했다. 이 중에는 화염병을 소지했

다는 이유로 체포된 13세 소년도 포함되어 있었다. 9월 2일 아침, 홍콩 병원관리국은 총 46명의 부상자가 발생했으며, 그중 19명이 입원했고, 5명은 중상, 14명은 안정적인 상태라고 발표했다. 그러나 홍콩 공영방송 RTHK의 다큐멘터리 프로그램 Hong Kong Connection에 따르면, 최소 10명의 부상자가 병원에 입원했으며, 이 중 3명은 소방대에 '싸움으로 인한 부상자'로 신고되어 사건의 공식 부상자 명단에 포함되지 않았다.

시민들이 프린스에드워드역 앞에 꽃으로 기념비를 세우다.

이후 온라인에서는 프린스 에드워드역에서 경찰에게 맞아 숨진 사람이 있으며, 시신이 광화 병원 영안실에 보관되었다는 소문이 퍼졌다. 이에 대해 경찰은 9월 2일 기자회견에서 해당 소문이 사실이 아니라고 주장했다. 병원관리국과 광화 병원도 8월 31일 집회와 관련한 사망자는 없다고 해명했다. 정부의 행정장관 정관정(장긴충)은 기자회견에서 '모두 루머이며 전혀 근거 없는 이야기'라고 밝혔다. 경찰은 이러한 소문이 악의적으로 퍼지고 있다고 비난했다.

하지만 시민들 사이에서는 경찰이 부상자들을 다른 역(특히 라이치콕역과 석급미역)이나 병원으로 이송한 후 사망했을 가능성을 제기하며 여전히 의혹이 제기되고 있다. 경찰과 MTR 측은 사망자가 없다고 발표했

에드워드역에 831명의 희생자를 위한 추모식

지만, 이를 뒷받침할 증거를 제시하지 못했다. MTR 측은 사건 직후 프린스 에드워드역을 폐쇄하고 CCTV 영상을 공개하지 않았다. 또한, 소방당국이 발표한 부상자 수가 일관되지 않았으며, 이를 단순한 착오라고 해명했지만 시민들은 믿지 않았다.

또한, 사건 후 MTR 측이 프린스 에드워드역에서 도교 승려를 초청해 제사를 지낸 점도 의혹을 증폭시켰다. 이는 MTR이 사건의 심각성을 인식하고 있으며, 실제로 사망자가 있었을 가능성을 시사하는 것이 아니냐는 의혹을 낳았다. 홍콩 정부는 이 사건에 대한 독립적 조사를 거부했고, 이는 시민들의 분노를 더욱 키웠다.

프린스 에드워드역 B1 출구에는 시민들이 자발적으로 추모 공간을 마련하고 꽃과 음식을 바치며 희생자를 기렸다. 이 사건 이후 홍콩 시민들의 경찰에 대한 신뢰는 완전히 무너졌고, 경찰과 시민 간의 관계는 회복할 수 없

는 수준까지 악화되었다. 반송법 반대 운동은 점점 격화되었으며, 밤마다 경찰과의 충돌이 발생했다. 홍콩은 마치 전쟁터처럼 변해갔다. 경찰 폭력은 통제 불능 상태였고, 정부는 이를 막을 수 없었다. 8월 31일 경찰의 폭력적인 진압 이후, 홍콩 시민들은 더 이상 경찰을 신뢰할 수 없게 되었다.

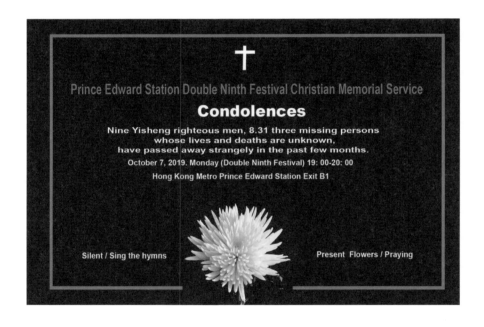

15. 잃어버린 형제자매들

2019년 6월 15일, 한 남성이 퍼시픽 플레이스(Pacific Place) 건물의 높은 곳에 올라가 범죄인 인도법 개정안(송환법)에 반대하는 배너를 펼쳤다. 그가 건설 비계에서 몸을 내밀었을 때, 소방관 4명이 그를 구조하려 했으나 실패했고, 결국 남성은 구조 에어쿠션을 피한 채 콘크리트 바닥으로 추락했다. 그는 혼수상태에 빠진 채 러튼지 병원(Ruttonjee Hospital)으로 긴급 이송되었으나, HK01과 **애플데일리(Apple Daily)**의 보도에

마르코 렁의 퍼시픽 플레이스 자살

따르면 병원 도착 직후 사망이 확인되었다.

그날 그는 노란색 비옷을 입고 있었으며, 퍼시픽 플레이스 꼭대기에 다음과 같은 문구가 적힌 배너를 걸었다.

"反送中 No Extradition To China"
"범죄인 인도법 완전 철회"
"우리는 폭도가 아니다"
"학생들과 부상자들을 석방하라"
"캐리 람(Carrie Lam) 사퇴하라"
"홍콩을 도와달라"

그의 이름은 **마르코 렁 링킷(Marco Leung Ling Kit)**이며, 당시

35세였다. 그는 송환법에 반대하는 시위에서 첫 번째 희생자였다.

두 번째 희생자는 **로 히우얀(Lo Hiu-yan)**으로, 21세의 홍콩 교육 대학교 학생이었다. 그녀는 2019년 6월 29일, 판링(Fanling) 가복단지 (Ka Fuk Estate) 아파트에서 투신하였다. 그녀는 투신 전, 해당 건물의 24층 벽에 붉은 잉크로 유서를 남겼다.

"홍콩 시민 여러분, 우리는 오랜 시간 싸워왔지만, 우리가 무엇을 위해 싸우고 있는우리는 범죄인 인도법의 완전 철회, 폭도 규정 철회, 학생 시위대의 석방 및 무죄 판결, 캐리 람의 사퇴, 경찰의 잔혹 행위에 대한 징계 조치를 강력히 요구합니다.

결코 잊어서는 안 됩니다. 그리고 우리는 끝까지 싸워야 합니다.

저는 200만 홍콩 시민의 염원을 이루기 위해 제 생명을 바칩니다. 여러 분이 계속 싸워 주기를 바랍니다!"

세 번째 희생자는 **29세 회계사 우즈타(Wu Zhita)**였다. 그녀는 **IFC몰(IFC Mall)**의 옥상 정원에서 투신하였다. 그녀는 마지막으로 소셜미디어에 아래와 같은 메시지를 남겼다.

"홍콩, 加油(Gau Yau, 힘내라). 승리하는 날을 보고

로휴옌 씨의 마지막 말

싶었어. 하지만 나는 7.1 행진(7월 1일 시위)에 참가할 수 없을 것 같아. 모든 희망이 사라진 것 같아…"

그녀는 세 번째로 목숨을
바친 희생자로 기록되었다.

이 외에도 청사완(Cheung
Sha Wan)의 마씨(Ms. Mak),
판 유언충(Fan Yuen-chung),
무이 씨(Mr. Mui), 콕 씨(Mr.
Kwok), 게이 씨(Mr. Gei),

자이타 우는 IFC 몰에서 추락하여 사망

호 씨(Ms. Ho) 등이 목숨을 끊으며 저항을 이어갔다.

특히 **게이 씨(Mr. Gei)**는 16세로, 가장 어린 희생자였다.

이들의 희생은 시위대를 더욱 단결시키고, "이제는 되돌릴 수 없다"는
의지를 불태웠다. 많은 사람들이 "승리할 때까지 싸워야 한다"며 그들의
유언을 실현하려 했다.

순교자들에 대해 논할 때, 8월 31일 프린스 에드워드 역 습격 이후 실
종된 이들을 간과해서는 안 된다.

경찰에게 무자비하게 구타당한 일부 시위대는 치명적인 부상을 입고
사망했을 가능성이 있다. 현장에 있던 응급처치요원들에 따르면 약 20명
이 부상을 입었으나, 최종적으로 병원으로 이송된 사람은 10명에 불과했
다. 프린세스 마거릿 병원을 포함한 여러 병원으로 이송된 이들 외에도
최소 6~9명의 부상자가 행방불명되었다. 일부는 역 내에서 구타당해 사
망했거나, 너무 심각한 부상을 입어 사망 선고를 받았을 가능성이 있다.

21세 여성의 시신이 사이쿵에서 발견되었는데, 경찰은 부모가 고문해
살해했다고 주장했다. 그러나 이러한 설명은 대중의 의심을 불러일으켰

다. 시신은 심하게 훼손되어 있었고 팔 골절이 확인되었으며, 부모가 친딸

구오 여성은 2019년 8월31일 자살	K Y Wong은 프린스 에드워드 MTR 831에서 실종

에게 이토록 잔인할 수 있겠느냐는 의구심이 제기되었다. 2019년 9월 16일에는 장완오 해역에서 시신이 발견되었는데, 이후 신원이 8월 31일 프린스 에드워드 역 습격 이후 실종된 중년 여성, 고소란(Ko Sau Lan)으로 확인되었다. 이처럼 신원이 밝혀진 이들 외에도, 이름조차 알려지지 않은 희생자가 많을 것이다. 언젠가 그들을 모두 찾아낼 수 있기를 바라며, 그들의 이름이 역사의 한 페이지에 기록되기를 희망한다.

경찰에게 구타당해 사망한 형제들의 시신

경찰이 역을 급습한 지 이틀 후, 프린스 에드워드 역 B 출구에 추모 공간이 마련되어 시민들이 조의를 표할 수 있었다. 해당 추모 공간은 여러 차례 철거 시도가 있었음에도 오랜 기간 유지되었다.

프린스 에드워드 역 습격뿐만 아니라, 2019년 9월과 10월 경찰의 무차별적인 체포 작전이 이어졌다.

학생 크리스티 찬의 시신이 떠 있는 채 발견   HKUST 학생 알렉스 조는
경찰에 의해 살해당함

경찰은 시위대뿐만 아니라 시위에 참여하지 않은 시민들까지 체포했다. 때때로 경찰은 과도한 폭력을 사용했으며, 구금 중 사망한 사람이 있을 가능성도 배제할 수 없다. 2019년 6월부터 9월까지 총 122구의 시신이 발견되었다. 일부는 추락사로, 일부는 해상에서 발견되었으나, 추락사로 보이는 시신에서 출혈이 거의 없거나 현장의 혈흔이 이미 말라 있었던 점이 눈에 띄었다. 이는 시신이 다른 장소에서 이동된 후 자살로 위장되었을 가능성을 시사한다. 이러한 개별적인 "자살" 사건들은 경찰의 조직적인 은폐 시도의 일환이라고 믿는다. 경찰은 독재 정권의 집행자로서 법을 초월한 행동을 하며, 자신들의 범죄를 마음대로 은폐할 수 있기 때문이다.

우리는 약 250~300명의 정의로운 형제자매를 잃은 것으로 추정한다. 이 통계에는 2019-2020년 시위 기간 동안 한때 폐쇄되었던 산욱령(新

屋嶺) 수용소에서 살해된 것으로 보이는 이들도 포함된다. 외딴 지역에 위치한 이 구금 시설은 오랫동안 베일에 싸여 있으며, 극심한 고문과 학대가 보고되었다. 일부 추정에 따르면, 이곳에서 살해된 시위대의 수는 100명에 달하며, 시신은 근처 샌디 릿지(Sandy Ridge) 공동묘지에 매장되었을 가능성이 있다. 우리는 신뢰할 수 있는 기관이 추가 조사를 진행하여 진실이 밝혀지기를 바란다.

시위대원들의 시신이 매일 발견됨　두 명의 잃어버린 의로운 전사들의 시신이 떠 있는 채 발견

경찰의 손에 희생된 젊은 투사들의 정확한 숫자를 우리는 결코 알 수 없을지도 모른다. 경찰은 진실을 왜곡하고 폭력을 계속해서 확대해 나가고 있기 때문에, 우리가 경찰이 제공하는 공식적인 설명을 신뢰할 수 없는 것은 당연하다. 다양한 신뢰할 수 있는 기관에서 실시한 여론조사에 따르면, 경찰은 이미 대중의 신뢰를 완전히 잃었다. 정부에 대한 신뢰 또한 사상 최저 수준으로 떨어졌다.

우리의 목표는 경찰의 행적을 조사할 독립적인 위원회를 설립하는 것이다. 이 위원회는 양측이 신뢰할 수 있는 대법관이 주도해야 하며, 정부와 시민을 대표하는 위원들로 구성되어야 한다. 또한 법적으로 증인을 소환할 권한을 가져야 한다.

　한편, 우리는 2019년 홍콩 인권 및 민주주의 법안(Hong Kong Human Rights and Democracy Act)의 통과를 간절히 기다리고 있으며, 국제사법재판소(International Court of Justice)에 소송을 제기할 계획이다. 경찰의 권력 남용에 대한 실상을 밝혀내어, 유족들과 시민들에게 진실을 알리고자 한다.

　만약 경찰이 대규모 학살을 저질렀다면, 우리는 경찰을 해체하고 철저한 개혁을 요구할 것이다. 가해자는 반드시 법정에 서야 하며, 피해자는 정부로부터 보상을 받아야 한다. 또한, 시위로 인해 체포된 모든 사람에게 사면이 주어져야 한다.

　이 모든 문제가 해결되어야만 홍콩이 앞으로 나아갈 수 있다.

my friend, don't leave us. Hong Kongers,
don't give up
나의 친구야, 우리를 떠나지 마, 홍콩아 포기하지 마

16. 산욱령 구치소

산욱령 구치소

2019-2020년 홍콩 시위 당시 산욱령(San Uk Ling) 구치소에서 발생한 인권 침해와 경찰 폭력에 대한 증언을 나누고 싶다.

산욱령은 홍콩과 중국 국경 근처에 자리 잡고 있으며, 상수이(Sheung Shui)에서 만감토 로드(Man Kam To Road)를 따라 이동한 후, 심천(Shenzhen) 근처에서 작은 길로 들어서면 이 복합 시설을 발견할 수 있습니다. 바로 그곳이 악명 높은 **산욱령 구치소(San Uk Ling Holding Centre)**입니다.

산욱령 구치소는 홍콩과 중국 국경 근처의 외딴 지역에 위치하여 외부와의 연락이 완전히 차단된 곳입니다.

해당 시설은 경찰이 관리하며, 홍콩 교정국(Correctional Services Department)에서 운영하는 일반적인 교도소와는 다릅니다.

한동안 사용되지 않던 곳이었으나, 2019년 홍콩 민주화 시위 이후 다시 활용되었고, 경찰이 체포한 시위대를 감금하고 고문하는 장소로 악명이 높아졌습니다.

이곳은 외딴 지역에 위치해 있어 휴대전화 신호나 데이터 연결이 불가능하며, 외부와의 연락이 차단된 장소입니다. 경찰이 관리하는 시설로, 홍콩 교정국(Correctional Services Department)이 운영하는 일반적인 교도소와는 다릅니다. 한동안 사용되지 않다가 2019-2020년 홍콩 민주화 시위 이후 다시   활용되었으며, 체포된 시위대를 감금하고 고문하는 장소로 악명이 높아졌습니다.

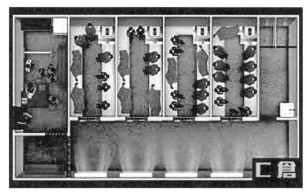

산욱령 구치소 내부안

시설의 열악한 환경과 극단적인 고립으로 인해 일부에서는 강제 수용소(concentration camp)에 비유하기도 했습니다.

2019-2020년 홍콩 민주화 시위 당시 사건   홍콩 시위가 한창이던 2019년, 약 1,000명의 시위대가 산욱령 구치소로 이송되었습니다.

변호사가 찾아가려 해도 접근이 어려웠고, 가족들도 연락할 방법이 없었습니다.

북중국 일부 감옥보다도 더 엄격한 통제가 이루어졌습니다.

시위대 일부는 산욱령에서 구타와 고문을 당한 후 심각한 부상을 입고 병원으로 옮겨졌습니다. 또한, 일부는 실종되었고, 산욱령 근처의 샌디

10대 청소년이 산욱령 구치소에서 고문당한 것을 증거하고 있음

리지 묘지(Sandy Ridge Cemetery)에   암매장되었을 가능성이 제기되었습니다.

이 묘지는 정부가 관리하는 공동묘지로, 신원이 확인되지 않은 시

신들이 묻히는 곳입니다. 또한, 일부는 중국 심천(Shenzhen)의 구금 시설로 보내졌다는 주장도 나왔습니다.

하지만, 홍콩 정부는 독립적인 조사위원회를 구성해 진상을 밝히자는 요청을 여러 차례 거부하며, 경찰의 인권 침해에 대한 의혹을 더욱 키웠습니다.

구금된 대학생 A의 증언

산욱령 인권 관심 그룹(San Uk Ling Human Rights Concern Group)이 주최한 집회에서는 과거 산욱령에 구금되었던 다섯 명의 시위 참가자들이 초대되어 그곳의 환경과 경험을 직접 증언했다. 한 남성 피구금자는 준비해 온 원고를 읽으며 자신의 이야기를 전했다. 그는 경찰이 자신을 폭동 가담 및 재산 파손 혐의로 체포했다고 밝혔다. 체포된 후 경찰서로 이송되었으며, 그곳에서 경찰이 그의 휴대전화 잠금을 해제할 것을 요구했다. 그러나 그는 사생활 보호를 이유로 거부했다. 그러자 경찰은 즉시 그의 얼굴과 목에 페퍼스프레이를 분사했다. 그는 수갑이 채워진 상태였기 때문에 저항할 수조차 없었다.

이후 그는 산욱령 수용소로 이송되었다. 페퍼스프레이로 인해 시야가 흐려진 상태였다. 그는 방으로 끌려가 알몸 검사를 받았으며, 팔과 다리는 탁자의 다리에 묶였다. 그 과정에서 그의 머리에는 후드가 씌워졌다. 경찰은 그에게 "순순히 비밀번호를 넘겼다면 이런 일을 겪지 않았을 것"이라고 말하며 협박했지만, 그는 끝까지 거부했다. 그는 최소 두 명 이상의 경찰이 자신을 학대했다고 증언하며, 그들의 행위는 "상상할 수 없을 정도로" 잔혹했다고 말했다. 하지만 그는 구체적인 폭행 내용을 밝히지는 않았다. 그는 연설을 마무리하며 자신이 고문과 성폭력을 당했으며, 이러한 일을 겪은 사람이 자신만이 아니라고 강조했다.

이후 30시간 넘게 구금된 뒤에야 다른 경찰서로 이동되었고, 법정 출석을 앞두고도 변호사를 만날 수 없었습니다.

그는 변호사를 요청했지만 경찰은 고의적으로 그의 위치를 숨겼습니다.

그의 변호인은 구금 상태를 확인한 뒤 법원에 인신 보호 청원(Habeas Corpus)을 신청하려 했으나, 법정 출석 직전에야 경찰이 그를 법원으로 보냈습니다.

법정 출석 전에 경찰은 그의 몸을 물과 소독제로 씻어 학대의 증거를 없애려 했습니다.

체포된 대학생 S의 증언

2019년 8월 31일 프린스 에드워드 역 사건(Prince Edward Station Attack)의 피해자 중 한 명인 대학생 S 역시 산욱령에서 구금되었습니다.

처음에는 콰이충(Kwai Chung) 경찰서에 수감되었다가 9월 1일 새벽, 경찰이 그녀를 깨우고 검은색 밴에 태워 어디론가 이동시켰습니다.

학생 S는 경찰에 의해 성폭력 당한 것을 증언함

그녀는 변호사를 만나게 해달라고 요청했으나, 경찰은 "산욱령 도착 후 상황에 따라 가능할 수도 있다"고 둘러댔습니다.

이동 중, 경찰들이 일부러 비닐장갑을 끼는 소리를 내며 위협했고, 그녀는 이전에 경찰에게 폭행당했던 한 노인의 영상을 떠올리며 극심한 공포를 느꼈다고 증언했습니다.

산욱령 도착 후, 함께 이송된 사회복지사 첸홍사우(Chen Hung Sau)가 "겁먹지 마라, 체포됐어도 권리는 있다"고 외치는 소리를 들었습니다. 이에 학생 S는 첸홍사우에게 감사 인사를 전하며, 그녀가 아니었다면 상황이 훨씬 더 끔찍했을 수도 있었다고 밝혔습니다.

S는 산 우크 링에서의 끔찍한 경험을 기억합니다.

학생 S는 자신이 콰이충 경찰서(Kwai Chung Police Station)에 있을 때, 한 여성 경찰관이 남성 경찰관에게 자신의 손을 케이블 타이로 묶으라고 지시했다고 증언했다. 여성 피의자는 가능하면 여성 경찰관이 다뤄야 한다. 이후, 해당 남성 경찰관이 자신의 가슴을 때렸다고 주장했다. 뿐만 아니라, 유치장에서 화장실을 이용할 때 한 여성 경찰관이 바로 앞에서 자신을 노려보며 성기를 보았으며, 몇 걸음 떨어진 곳에 남성 경찰관이 있었고 근처에 감시 카메라도 있었다고 말했다. 그녀는 최전선 경찰관들이 가해진 모든 성폭력 신고를 전면 부인하는 것에 대해 강하게 비판했다. "제가 나서서 증언하는 이유는 그들이 거짓말을 하고 있다는 것을 증명하기 위해서입니다."

학생 S는 이 경험으로 인해 깊은 트라우마를 겪었으며, 매일 밤 악몽을

꾸고 있다고 밝혔다. 음식을 먹을 때 배가 부른지도 모르고 계속 먹다가 결국 토할 때까지 먹곤 했다고 한다. 그녀는 극심한 우울감으로 자살까지 생각했지만, 누군가 "홍콩인들, 힘내!(Hong Kongers, add oil!)"라고 외치는 소리를 듣고 다시 싸우기로 결심했다. 학생 S뿐만 아니라, 군통 행진 (Kwun Tong March) 주최자인 벤투스 라우(Ventus Lau)와 사회복지사인 첸 홍 사우(Chen Hung Sau)도 무대에서 발언했다. 또한, 2019년 8월 5일에 체포된 Ms. K의 영상도 집회에서 재생되었다. 진보적인 변호사 단체(Progressive Lawyers Group) 대표 리 온 인(Li On Yin)과 홍콩 인권 감시(Hong Kong Human Rights Monitor) 대표 클라우디아 입(Claudia Yip)이 체포된 이들의 법적 권리에 대해 설명했다. 한 원로 시위 참가자인 Mr. Tam은 산욱령(San Uk Ling) 수용소의 역사에 대해 이야기했다.

산욱령 인권 관심 그룹(San Uk Ling Human Rights Concern Group)은 산욱령에서 발생한 인권 침해를 알리고자 하는 일반 시민들로 구성되어 있다. 이들의 목표는 산욱령에서 발생한 경찰 폭력의 피해자들에게 정의를 찾고, 해당 시설에서의 구금을 중단시키며, 산욱령으로 보내진 모든 체포자와 사건들을 전면 공개하도록 요구하고, 경찰이 체포자의 변호사, 사회복지사, 의원 및 의료 서비스 접근을 부정하거나 지연시키는 행위를 규탄하는 것이다. 이러한 행위는 체포자의 권리를 심각하게 박탈하고 그들의 안전을 위협하는 것이다. 이들은 생존자들이 트라우마를 극복하고 회복할 수 있도록 법적, 심리적, 재정적 지원을 제공하는 지원 그룹을 구성할 계획을 세우고 있었다.

같은 날 열린 경찰의 일일 기자회견에서 경찰 측은 9월 2일부터 시위대를 더 이상 산욱령에 구금하지 않았다고 밝혔다. 또한, 산욱령에서 여성

시위 참가자들이 성폭력을 당했다는 소문에 대해서도 다시 한번 부인하며, 그러한 주장은 사실을 심각하게 왜곡한 것이라고 주장했다. 그러나 많은 증언을 통

고령의 홍콩인이 산욱링 홀딩 센터를 방문

해 밝혀진 바와 같이, 산욱령에서의 고문과 학대는 홍콩 경찰의 가장 잔혹하고 부패한 모습을 보여준다. 이는 홍콩 정부와 법 집행 기관이 법치에 대해 거의 혹은 전혀 관심이 없다는 것을 의미한다. 동시에, 중국 인민해방군(PLA)이 이미 홍콩 경찰 내부에 침투해 있을 가능성이 크다고 믿고 있다.

2019년 10월에 열린 정부 기자회견에서 캐리 람(Carrie Lam) 행정장관은 산욱령 구금소가 이미 폐쇄되었다고 발표했으며, 2019년 7월부터 운영을 중단했다고까지 말했다. 그러나 우리는 8월과 9월에 체포된 시위 참가자들이 여전히 산욱령으로 이송

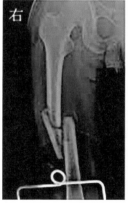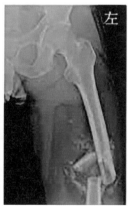

산욱링에서 많은 시위대를 위한 고문

되었다는 사실을 알고 있다. 만약 7월에 실제로 폐쇄되었다면, 그 이후에 체포된 사람들이 그곳으로 보내질 수는 없었을 것이다.

이러한 주장은 앞뒤가 맞지 않는다. 10월이 되어서야 산욱령이 폐쇄되었다는 것이 확인되었지만, 그와 동시에 근처에 산경링(San Geung

Ling)이라는 새로운 구금
시설이 건설 중이라는 사실
이 밝혀졌다. 이 새로운 시
설은 더 많은 홍콩인을 수용
할 수 있도록 더욱 대형화될
예정이며, 이는 홍콩 정부의
끊임없는 탄압과 폭력적인
진압 의지를 보여준다.

피해자들은 산욱령 구치소의 경험을 나누고 있다.

17. 초법적 처벌과 고문

2019년 10월 15일까지, 홍콩 경찰은 이미 3,000명의 시위대 및 시민을 체포했다. 체포된 대부분의 사람들은 초법적 처벌, 무차별적인 폭행, 그리고 성폭행을 당했다. 이러한 행위는 경찰에게 있어 흔한 관행이 되었다. 많은 사람들이 심한 구타로 인해 중상을 입었다. 이러한 행위는 국제 인권 규약을 위반할 뿐만 아니라 홍콩 법률에도 어긋난다.

경찰의 권력남용으로 시민을 체포하고 있다.

그러나 경찰은 어떠한 비행이나 잘못도 인정하지 않았으며, 오히려 시위대가 폭력을 선동했다고 비난하면서 자신들은 최소한의 힘만을 사용했다고 주장했다. 그러나 양측의 장비와 무력의 차이를 고려할 때, 이는 명백한 거짓이다.

북구 병원의 응급실에서 근무하는 의료진이 제공한 정보에 따르면, 검은 옷을 입은 채 응급 치료를 받으러 온 36명의 환자들은 모두 심각한 골절상을 입고 있었다. 이들은 모두 신

경찰이 사람들을 차포하거나 린치하는 과정에서 벌어지는 권력남용

욱령(新屋嶺) 구금소에서 온 사람들이며, 심각한 구타로 인해 골절상을 입었다.

또한, 같은 구금소에서 온 여성 환자 6~7명은 성폭행을 당했으며, 일부는 자궁 출혈과 심각한 자궁 손상을 입었다.

이들은 여전히 병원에서 치료를 받고 있었다. 그들 중 일부는 결국 아무런 혐의도 받지 않았음에도 불구하고 경찰의 폭력으로 인해 평생 회복할 수 없는 상처를 입었다. 경찰의 이러한 만행으로 인해 40명 이상의 피해자가 정신적·육체적 외상을 입었다.

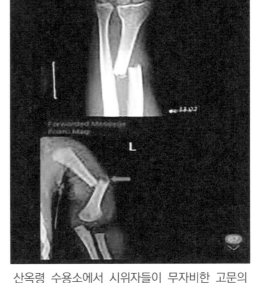

산옥령 수용소에서 시위자들이 무자비한 고문의 고통을 겪고 있었다.

홍콩 경찰은 유엔 고문방지 협약(United Nations Convention against Torture)과 홍콩 법률 제427장 범죄(고문) 조례를 위반했다. 이에 따르면, 경찰은 종신형을 선고받을 수 있다. 이러한 경찰의 만행은 법률 제427장을 위반했다는 충분한 증거가 된다.

북구 병원에서 또 다른 사례가 있었다. 2019년 6월 26일 새벽, 상수이(上水)에 거주하는 62세의 정씨(Chung)는 술에 취한 상태에서 싸움을 벌였다가 경찰을 폭행한 혐의로 체포되었다. 이후 응급실로 이송되었고, 취기로 인해 병상에 묶인 채 정신질환 환자용 병동에 배치되었다. 병원 관리국이 제공한 CCTV 영상에는 경찰 제복을 입은 장갑 낀 두 명이 그에게 가한 끔찍한 폭력이 담겨 있다. 정씨는 고환을 가격당하고, 얼굴을 맞으며, 눈을 찔리고, 소변에 젖은 천으로 코와 입을 덮이고, 손가락과 손목이 강제로 꺾이며, 가까운 거리에서 손전등 빛을 직사로 쬐었으며, 바지를 강제로 벗겨진 채 경찰봉으로 성기를 구타당하는 등 극도의 비인도적인 폭력을 당했다.

청 씨는 경찰로부터 비인도적인 대우를 받고 있었습니다.

입법회(홍콩 의회) 의원인 린철정(林卓廷, Lam Cheuk-ting)은 이러한 경찰의 초법적 폭력이 홍콩 법률 제427장 범죄(고문) 조례 제3(1)(6)조를 명백히 위반한다고 지적했다. 해당 조항에 따르면, 공무원이 직무를 수행하는 과정에서 의도적으로 타인에게 극심한 고통이나 고문을 가하는 행위는 종신형에 처해질 수 있다.

위의 사례들 외에도, 여러 경찰서에서 성폭행 및 강간 사건이 보고되었다. 보고된 내용에 따르면, 장관오(將軍澳) 경찰서에는 고문실이 있으며, 이곳에서 여성 시위대가 성폭행을 당했다는 증언이 있다. 또한, 틴수이와이(天水圍) 경찰서에서도 여성 시위자가 성폭행을 당했으며, 콰이충(葵涌) 경찰서에서도 심각한 성폭행 사건이 발생했다.

시위가 두 달 넘게 지속되면서, 경찰의 폭력이 더욱 심해졌을 뿐만 아니라 여성 구금자에 대한 성폭행이 만연해졌다. 성폭력 관련 단체는 여성 체포자들을 대상으로 설문조사를 진행했고, 2019년 8월 28일 #미투(#MeToo) 집회에서 조사 결과를 발표했다. 이 단체의 대표는 한 여성 구금자가 경찰이 단단한 물체로 그녀의 음핵을 문질렀다고 증언했다고

전했다. 또한 경찰은 그녀에게 이뇨제를 먹였고, 그녀가 더 이상 참을 수 없게 되었을 때 화장실 사용을 금지하여 실금하도록 유도했다. 그녀는 결국 치마가 소변으로 뒤덮였다.

소녀는 경찰에 체포되어 벌거벗은 상태였습니다.

홍콩중문대학에서 열린 학생들과 교무처장 간의 대화에서, 프린스에드워드(太子) 역 공격의 피해자였던 손야 응(Sonia Ng)은 경찰이 자신을 체포 및 구금하는 과정에서 성희롱을 했다고 폭로했다. 그녀는 마스크를 벗고

구치소에서 성폭행을 당한 여학생

교무처장에게 경찰의 행위를 규탄해 줄 것을 요청했다. 이후 그녀는 콰이충 경찰서에서 성폭력을 당했음을 명확히 했으며, 성희롱과 성폭력은 같은 것이 아니라고 강조했다.

라디오 방송에 출연한 손야 응은 콰이충 경찰서에서 한 여성 경찰이 그녀의 손목을 케이블 타이로 묶으려고 했을 때, 남성 경찰이 그녀의 가슴을 강하게 내려쳤다고 증언했다. 또한 한 여성 경찰이 그녀가 화장실을 이용하는 동안 가까이서 지켜보았으며, 근처에는 남성 경찰도 있었다고 밝혔다.

이후 온라인에서는 한 남성 피해자가 보낸 것으로 보이는 문자 메시지가 유포되었다. 메시지에 따르면, 그는 2019년 9월 27일 신육령 인권 집회에서 증언된 강간 피해자이며, 구룡의 유명 남학교에 다니는 중등 5학년(고등학교 2학년) 학생이라고 했다. 또한, 매주 한 차례 경찰서에 출석해야 했으며, 손야 응의 용기에 감명을 받아 자신의 정체를 밝히고 가해 경찰을 증언할 결심을 했다고 밝혔다.

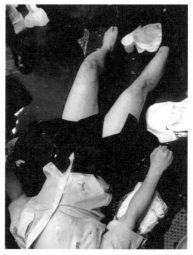

한 여성 시위자는 경찰서에서 성폭행이 발생했다고 말했습니다.

경찰의 과도하고 보복적인 폭력은 모든 시위에서 익숙한 장면이 되었다. 자의적인 체포와 체포 과정에서의 과도한 폭력 또한 잔혹하고 비인간적인 처벌에 해당한다. 유엔 고문방지협약, 로마 규정(Rome Statute), 홍콩 법률 제427장 범죄(고문) 조례에 따라, 체포된 사람들에게 고문을 가한 경찰은 사형 또는 종신형에 처해질 수 있다. 또한, 이러한 중대한 인권 침해를 방조한 당국도 마그니츠키법(Magnitsky Act)에 따라 제재를 받을 수 있다. 이 법은 전 세계 모든 가해 공직자에게 적용될 수 있다.

경찰은 여성 시위자를 체포하고 잔인하게 고문했습니다.

우리는 국제법을 이용해 부패한 경찰을 해체할 것을 촉구한다.

18. 다른 국경일

올해는 중화인민공화국 (PRC) 수립 70주년이 되는 해입니다. 하지만 이 해는 특별한 해이자 큰 슬픔의 해이기도 합니다. 중화인민공화국이 설립된 이후, 중국 공산당(CCP)은 줄곧 중국인들에게 고통을

오성기를 짓밟자

안겨주었습니다. 반우파운동, 대약진운동, 문화대혁명, 천안문 학살 등의 사건을 통해 독재와 투쟁의 기억이 14억 중국인들의 마음에 깊이 새겨졌습니다. 최근 20년간 비교적 평화로운 발전이 있었지만, 이는 PRC 수립으로 인해 생긴 상처를 치유하지 못했습니다. 정치적 탄압으로 인해 1억 2천만 명 이상의 사람들이 희생되었으며, 이는 전 세계에서 유례를 찾아보기 어려운 비극입니다. 수많은 중국인들이 자유를 찾아 홍콩으로 이주해야 했습니다.

1997년 이후, 홍콩은 점차 이전의 자유를 잃어가고 있습니다. 홍콩 반환 22년이 지난 지금, 홍콩의 자유와 법치는 CCP의 대리인인 캐리 람에 의해 파괴되었습니다. 이제 우리가 홍콩에서 보는 것은 폭정, 특권, 경찰의 권력 남용뿐입니다. 동양의 진주였던 홍콩은 암울한 벽으로 변하고 말았습니다. PRC 수립 70주년은 홍콩인뿐만 아니라 많은 중국인들에게 '추

모의 날'입니다. 우리는 이날을 살아내야 하지만, 어떻게 이 독재 국가의 생일을 축하할 수 있겠습니까?

대만, 2019년 9월 29일 홍콩 반엘랍 지원

2019년 9월 29일, 전 세계 20개국 60개 도시에서 "글로벌 반독재 집회"가 열렸습니다. 우리 다섯 명은 대만 타이베이에 있는 입법원 앞에서 열린 집회에 참가했습니다. 많은 홍콩인들과 함께였습니다. 비바람이 몰아쳤지만, 집회는 여러 단체가 함께 주최하며 진행되었습니다. 'Glory to Hong Kong'이 연주되었고, 연설자 중 한 명은 홍콩 입법회를 점거했던 홍콩 여성으로, 광둥어로 연설하며 마스크 없이 서로 만나고 포옹할 날을 고대한다고 말했습니다. 우리는 그날을 기다리고 있습니다.

점점 더 많은 사람들이 몰려들었고, 대만의 대학생들과 시민들도 홍콩을 지지하기 위해 함께했습니다. 그들은 "광복 홍콩, 시대혁명", "5대 요구, 하나도 빠짐 없이" 등의 구호를

대만 2019년 9월 십만명의 사람들이 홍콩과 연대함을 보여줌

외쳤습니다. 우리는 대만인들에게도 "대만도 힘내세요"라고 외쳤습니다. 입법원을 출발한 행진은 타이베이 시내를 지나 시먼딩을 거쳐 다시 입법원으로 돌아왔습니다. 거센 바람과 폭우 속에서도 10만 명이 넘는 사람들이 참석했습니다.

같은 날 홍콩에서는 네티즌들이 홍콩 정부 청사까지 행진을 계획했지만, 정부가 이를 불허했습니다. 이에 따라 행진은 5개 구역으로 나뉘어 진행되었습니다. 오후 1시부터 경찰이 최루탄을 발사하며 진압을 시작했고, 오후 6시에는 물대포 차량이 투입되어 파란색 용액을 살포했습니다.

국경일은 없고 오직 국가적인 죽음만 있다.

10월 1일 PRC 국경일, 홍콩에서는 정부의 불허에도 불구하고 5개 구역에서 추모 집회가 열렸습니다. 홍콩 시민들은 "광복홍콩, 시대혁명", "5대 요구, 하나도 빠짐없이" 등의 구호를 외치며 행진했습니다. 오후 2시 49분, 10만 명 이상이 참가한 것으로 추산되었습니다. 일부 시위대는 중국 중앙정부 연락사무소(LOCPG)로 향했고, 일부는 홍콩 곳곳에서 중국 국기를 불태우거나 국경일 장식을 훼손했습니다. 경찰은 다시 물대포를 발사하고 최루탄을 사용했습니다.

이날 홍콩 곳곳에서 경찰의 강경 진압이 이어졌습니다. 밤이 되자

중국 공산당 독재자의 깃발

플래시몹 시위대는 중국 은행과 기업, 지하철 시설을 파괴하고 반중국 공산당(반CCP) 구호를 도로와 지하철에 스프레이로 새겼습니다. 시위대는 경찰서에 화염병을 던졌고, 경찰은 결국 실탄을 발포했습니다. 처음으로 실탄에 맞은 18세 학생이 중상을 입고 병원으로 이송되었으며, 이는 홍콩 시위 사상 첫 실탄 발포 사건으로 기록되었습니다.

우리는 2019년 10월 1일 폭정의 최루탄과 계속 싸움

경찰관이 학생을 총으로 쐈다.

같은 날, 중국 베이징에서는 대규모 군사 퍼레이드와 국기 게양식이 진행되었습니다. 반면 홍콩에서는 시민들이 영국과 미국 국기를 들고 거리에 나와 "CCP 퇴출, 홍콩 해방", "반 CCP 혁명" 등의 구호를 외쳤습니다. 이날 홍콩에서 발생한 총격 사건은 전 세계 언론의 주목을 받았고, 이는 시진핑의 체면을 구겼습니다.

한 학생이 경찰의 총에 맞아 사망

10월 10일은 또 다른 국경일이었습니다. 대만을 포함한 중화민국(ROC)의 108번째 국경일이었습니다. 많은 홍콩인들은 이날을 잊고 있었지만, 젊은 시위대들은 진정한 중국의 국경일로서 이날을 기

념해야 한다고 강조했습니다. 우리는 튄문의 '홍가'에서 국기 계양식을 보았고, 저녁에는 홍콩 곳곳에서 ROC의 국기인 청천백일만지홍기를 게양했습니다. 프린스 에드워드 역 출구와 몽콕 보행자 육교, 침사추이 등에 걸어

둔 깃발을 본 중국 본토 관광객들에게 우리는 "중화민국(ROC)이 진정한 중국"이라는 메시지를 전했습니다.

중화민국 국기와 삼종의 원칙을 지켜라

홍콩인들이여! CCP 정권을 무너뜨리고 새로운 공화국을 건설합시다. 우리는 자신감과 용기를 가지고 홍콩의 자유를 되찾을 것입니다!

국경일 없음, 오직 국가적인 죽음

19. 복면금지법(禁蒙面法) 규정

10월 4일, 캐리 람은突如(돌연) **긴급정황조례(緊急情況条例, Emergency Regulations Ordinance, 약칭 긴급법)**을 발동하여 **복면금지법 (Prohibition on Face Covering Regulation, PFCR)**을 시행하였다. 그녀는 시위대가 마스크 없이 얼굴이 드러나면 거리로 나오는 것을 두려워할 것이라 생각했지만, 젊은 시위대는 이에 굴하지 않고 계속해서 거리로 나와 저항했다.

캐리 람은 입법회의(Legislative Council)의 심의를 거치지 않고 행정명령을 통해 긴급법을 적용하여 복면금지법을 강행했으며, 이는 위헌적 조치였다. 이는 홍콩 기본법(Basic Law)과 **결사의 자유(Freedom of Association)**를 침해하는 것이었다.

시위대는 복대 금지에 맞서 싸우다

복면금지법이 시행된 당일 밤, 홍콩 시민들은 거리로 나와 지하철(MTR)과 친중국 기업, 경찰을 지지하는 상점들을 공격했다. 여러 MTR 역이 침수되었고, 중국은행(Bank of China)의 유리창이 깨졌으며, 맥심스 그룹(Maxim's Group)의 상점들도 파괴되었다. 특히, "아비정전(Days of Being Wild)"의 OST를 배경으로 한 중국은행 파괴 영상이 인터넷에서 퍼지며, 이러한 파괴 행위가 마치 도시를 정화하는 듯한 인상을 주었다.

(시위대는 혁명으로 가기 위해 얼굴을 가렸다)

같은 날 밤, 마온산(Ma On Shan) 쇼핑몰에서는 시위대가 **홍콩 임시정부 선언(Hong Kong Provisional Government Declaration)**을 낭독했다. "Be Water" 혁명은 10월을 기점으로 결정적 국면을 맞이했다. 이제 더 이상 캐리 람이 **"5대 요구(Five Demands)"**를 수용할 가능성은 없었고, 오직 **전제정치(tyranny)와 법치 파괴(rule of man)**만을 강화하며, 더 많은 행정명령과 긴급법으로 억압할 것이 예상되었다. 그녀는 **"폭력 중단과 질서 회복"**이라는 명분을 내세워 경찰의 폭력을 묵인했다.

사실, 10월 1일 발생한 실탄 발포 사건은 홍콩 시민들의 분노를 극대화했다. 사건 이후, 경찰은 "치명적 공격(fatal attack)"의 정의를 변경했다. 이제 경찰은 "심각한 부상이나

"실탄 발포 사건"과 경찰의 권력 남용

사망을 초래할 가능성이 있다고 판단되면" 총기를 사용할 수 있도록 규정을 개정했다. 즉, 경찰이 자의적으로 총기를 사용할 수 있도록 허용한 것이다. 이로 인해 **"실탄 뷔페(bullet buffet)"**가 벌어질 것이라는 우려가 커졌고, 홍콩 시민들의 생명은 분쟁 종식을 위한 희생양이 될 위험에 처했다.

복면금지법은 시위대의 용기와 자기희생 정신을 시험하는 법이었다. 10월 6일, 13세에서 93세에 이르는 시민들이 거리로 나와 항의하며, 시위 구호도 **"홍콩인들, 버텨라!"(香港人加油)**에서 **"홍콩인들, 저항하라!"(香港人反抗)**로 바뀌었다.

10월 1일 실탄 발포 사건과 복면금지법 시행 이후, **"반송중(反送中)운동(Anti-Extradition Law Amendment Bill Movement)"**은 **"반독재 운동(Anti-Tyranny Movement)"**으로 진화했다.

반독재 운동(Anti-Tyranny Movement)으로의 확산

캐리 람, 마스크 금지법 발표

경찰 폭력이 정당화되는 상황 속에서, 그동안 온건했던 "우레이페이(和理非, 평화·이성·비폭력)" 진영과 보수적인 민주파조차도 점점 더 강경파를 지지하기 시작했다. 홍콩 시민들은 경찰의 억압에 맞서 싸우기로 결심했다.

경찰은 임의 체포, 무차별 구타, 실탄 발포까지 감행하면서도 복면금지
법의 적용 대상이 아니었다. 경찰은 마스크를 쓴 채 신분증을 공개하지
않고 불법적인 행위를 저질러도 처벌받지 않는 이중잣대가 적용되었다.

긴급법이 초래한 공포와 경제적 불안

긴급법 시행 이후 시민들은 공포에 휩싸였다. 이에 따라 **사재기
(panic buying)**와 **은행 예금 인출(bank run)**이 발생했다. 이는
1989년 톈안먼 사태 당시와 유사한 현상이었다.

네티즌들 사이에서는 긴급법이 **"전면적인 계엄령(emergency law)
의 시험대"**가 될 것이라는 우려가 커졌다. 행정회의(Executive
Council) 위원이었던 **입궉힘(葉國謙, Ip Kwok-him)**은 **"인터넷
검열, 금융 활동 및 외환 통제 등의 조치가 도입될 수 있다"**고 언급했다.

실제로 홍콩 달러를 해외 계좌로 이전하는 움직임은 반송중 운동이 시
작된 초기부터 지속되었다.
이미 8월 26일, **홍콩 금융관리국(HKMA, Hong Kong Monetary
Authority)**은 "특별한 경우를 제외하고 유동성 조치에 대한 정보를 공
개하지 않는다"는 입장을 발표했다. 같은 달, 홍콩 은행 예금 1,110억 홍
콩 달러가 유출된 것으로 보고되었다.

복면금지법 시행 이후, **"현금 인출 한도(cap on cash withdrawals)"**
에 대한 루머가 확산되며 은행 예금 대량 인출 사태가 발생했다. HKMA
는 이를 부인하며 **"홍콩의 금융 시스템은 견고하고, 충분한 현금 공급이

보장되어 있다"**고 해명했지만, 시민들은 정부를 신뢰하지 않았다.

"6대 요구"로의 확대

캐리 람은 긴급법을 통해 복면금지법을 도입하면서 **"폭력 중단과 질서 회복"**을 주장했지만, 이는 오히려 시위대의 분노를 더욱 증폭시켰다.

시위대는 이에 맞서 저항 수위를 더욱 높이기 시작했고, 기존의 "5대 요구"에 **"복면금지법 철폐"를 추가한 "6대 요구"**가 등장했다. 시민들은 정부가 응답하지 않을 경우 절대 타협하지 않고 끝까지 싸울 것임을 분명히 했다.

시위대는 "중국 공산당을 몰아내고, 홍콩을 해방시키자!"(光復香港 , 時代革命, Liberate Hong Kong, Revolution of Our Times)라는 구호를 외치며 저항을 지속했다.

법원의 위헌 판결과 정부의 반발

이후, **홍콩 고등법원(High Court)**은 복면금지법이 **위헌적 (unconstitutional)**이라는 판결을 내렸다. 이에 대해 **중국 전국인민대표대회(전인대, NPC)**는 홍콩 기본법 해석을 통해 고등법원의 결정을 뒤집을 계획이었지만, 미국 의회가 만장일치로 "홍콩 인권·민주주의 법(Hong Kong Human Rights and Democracy Act)"을 통과시키면서 해당 계획이 보류되었다.

홍콩 정부는 고등법원의 판결에 불복하여 항소했지만, 12월 10일, 홍콩 법무부(Department of Justice)의 재심 청구가 기각되었고, 복면금지법은 위헌이자 무효로 확정되었다.

그러나 이와 관계없이, 복면금지법은 이미 국제 인권법(International Bill of Human Rights)과 홍콩 기본법을 위반한 악법으로 평가받고 있다.

고등법원은 마스크 착용 금지법에 대해 위헌 판결을 내렸습니다.

20. 범죄인 인도 법안 반대 운동에서
반중·반폭정 운동으로

캐리 람이 범죄인 인도 법안을 철회했을 때, 이는 운동이 1단계를 승리로 마쳤음을 의미했다. 그러나 우리는 여전히 다른 요구사항이 남아 있다. 이번 운동을 통해 우리는 중국 정부의 정치 기구가 범죄인 인도 법안에 개입했음을 깨달았다.

반ELAB, 중국으로의 송환법 금지

또한, 7·21 사건을 통해 중국 중앙인민정부 연락판공실(LOCPG)이 직접적으로 삼합회 폭력배를 조직하여 웡롱(Yeung Long)에서 폭력을 행사하도록 했음을 알게 되었다. 더 나아가, CCP가 캐리 람에게 직접 가면 착용 금지법을 시행하도록 지시했으며, 이는 홍콩 입법회를 우회한 조치였다는 사실도 분명해졌다.

우리는 진정한 보통선거를 실현하고 홍콩의 민주주의와 자유를 지키기 위해서는 CCP가 퇴진해야 한다는 사실을 인식했다. 따라서 2019년 9월 4일부터 '범죄인 인도 법안 반대 운동'을 '반중·반폭정 운동'으로 명명해야 한다. 이는 곧 경찰의 폭력과 시위대 체포, 중국의 식민 통치에 맞선 저항을 의미한다. 우리는 표면적인 문제에 머무를 것이 아니라, 그 근본적인

원인을 파헤쳐야 한다. 이러한 결단은 캐리 람이 말하는 '폭도적 행위'가 아니다. 이는 1989년 4·26 사설(사태를 폭동으로 규정했던 중국 공산당의 입장)이 철회된 후에도 천안문 학살에 대한 책임을 물어야 한다는 주장과 같은 논리다.

나는 1967년의 '반영·반폭정(反英反暴政)' 운동에서 명칭을 따와, 이번 운동을 **'반중·반폭정 운동'**이라 부를 것을 제안한다. 이는 홍콩인이 역사적으로 어떠한 식민 지배에도 저항해왔음을 강조하기 위함이다.

홍콩인들은 중국의 식민지배와 독재에 맞서 싸워야 하며, 민주주의와 보통선거, 충분한 자치를 쟁취해야 한다. 나아가, 독립까지도 고려하여 민주주의를 수호해야 한다. 이를 위해 우리는 중국군의 주둔과 CCP가 자의적으로 왜곡하는 기본법을 거부하며, 경찰의 해체와 개혁, 당·정부 관료·경찰·조직폭력배의 범죄를 철저히 조사할 것을 요구한다. 또한, 체포된 시위자들의 석방 및 무죄 선고를 강력히 촉구한다. 궁극적으로, 우리는 민주주의 시스템을 기반으로 한 전환적 정의(Transformative Justice)를 실현해야 한다.

반중국과 반붉은 나치 시위행진

그렇지 않다면, 머지않아 우리는 새로운 범죄인 인도 법안, 국가보안법, 국가가(國歌)법, 강제적인 웨강아오(廣東-홍콩-마카오) 대만구(大灣區) 통합 정책, 중국 본토인의 홍콩 이민 쿼터 증가, 애국 교육, 홍콩 언어와 문화의 말살이라는 위협에 직면하게 될 것이다.

CCP는 범죄인 인도 법안 반대 운동을 단순한 독립운동 혹은 색깔 혁명으로 규정하고 있다. CCP가 언론을 정치적으로 조작하기 때문에, 중국 본토인들은 홍콩에서 벌어지는 운동에 대한 투명한 정보를 접할 수 없다. 나는 중국에서 30년간 일하며, 다양한 지역 출신의 사람들과 교류해왔다. 그 과정에서 젊은 세대가 CCP의 통치에 불만을 품고 있으며, 고국을 향한 애정과 별개로 정치에 절망하고 있음을 알게 되었다. 물론, 기득권을 위해 CCP와 결탁한 이들도 적지 않다. 또한, 나는 중국 교회에서 10년간 봉사하며 여러 계층의 사람들과 교류한 경험이 있다.

우리는 범죄인 인도 법안 반대 운동이 민주주의, 자유, 법치주의를 지향하는 운동임을 강조해야 한다. 이는 한때 기본법에 명시된 가치였으나, 이제 CCP에 의해 무너지고 있다. 과거 조사에 따르면 홍콩인의 78%가 자신을 중국인이라고 여겼다. 그럼에도 불구하고, 절반 이상이 CCP의 통치에 맞선 이번 운동에 참여했다. 따라서 이 운동은 단순한 법안 반대가 아니라, CCP에 대한

중국 공산당 추방, 홍콩 해방

전면적인 저항 운동이며, 궁극적으로는 CCP를 축출하는 것이 목표가 되어야 한다.

이것은 CCP에 맞서는 혁명이며, 홍콩뿐만 아니라 중국을 해방하기 위

한 혁명이다. 우리는 반드시 중국 본토인들의 지지를 얻어야 하며, 그래야
만 이 혁명이 성공할 수 있다.

1989년 천안문 민주화 운동은 CCP의 탄압으로 실패했지만, 홍콩인들
의 저항은 혁명의 불씨를 다시 지피고 있다. 특히 시진핑 체제 하에서 중
국의 경제·정치적 붕괴가 가속화되고 있다. 중국은 심각한 경제 침체와

높은 실업률, 외국 자본의
철수 등의 문제를 겪고 있
으며, 동시에 당내 권력투
쟁, 종교 및 인권 변호사
탄압 등의 내분이 지속되
고 있다. 외교적으로도 중
국은 국제사회에서 점점
고립되고 있으며, 이 모든
요소는 CCP가 이미 붕괴
의 길을 걷고 있음을 보여
준다.

중국은행의 장식

이제 우리는 유럽, 미국, 일본, 대만 등과 연대하여 반중 운동을 더욱
강력한 혁명으로 발전시켜야 한다. 결국, 자유롭고 민주적인 중국이 수립
될 것이며, 이것이 우리의 최종 목표이다.

반중국과 폭동방지

21. 여섯 번째 요구

범죄인 인도 법안 반대 운동에서 우리는 다섯 가지 요구를 내세웠다.

다섯가지 요구 사항이 서로 밀접하게 연결되어 있다.

1. 범죄인 인도 법안의 완전한 철회

2. 시위를 '폭동'으로 규정한 입장의 철회

3. 체포된 시위자들의 석방 및 무죄 판결

4. 6월 12일, 7월 21일, 8월 11일, 8월 31일 사건을 포함한 경찰의 행위를 조사할 독립 위원회 설립

5. 입법회 및 행정장관 선거에 대한 보통선거 실시

이것이 최소 힘인가요?

첫 번째 요구와 관련하여 캐리 람은 법안을 철회한다고 발표했지만, 여전히 입법회를 통한 공식적인 절차를 거치지 않았다. 나머지 네 가지 요구에 대해서는 어떠한 응답도 하지 않았으며, 이에 우리는 **"다섯 가지 요구, 하나도 빠질 수 없다(五大訴求, 缺一不可)"**라고 외쳐왔다.

시민 기자 회견은 경찰의 권력 남용을 고발

캐리 람과 그녀의 정부는 우리의 요구를 거부하고 있으며, CCP는 홍콩인들에게 진정한 보통선거를 허용하지 않고 있다. 따라서 이 운동은 끝나지 않을 것이며, 결국 13억 인구를 아우르는 혁명으로 발전할 것이다.

이제 우리는 여섯 번째 요구인 '경찰 해체 및 개혁'을 추가로 제기한다. 이는 홍콩인들이 주도하여 새롭게 경찰 조직을 개편해야 한다는 뜻이다.

경찰의 무차별적인 폭력은 이미 홍콩 시민들을 분노하게 만들었다. 6월 12일, 경찰이 쏜 빈백 탄환(bean bag round)으로 한 여교사의 왼

경찰이 시민들을 무차별 구타

쪽 눈이 터졌고, 7월 1일에는 입법회 점거 당시 경찰이 의도적으로 대응을 늦추었다. 경찰은 시위를 폭동으로 규정하며 시민들과 더욱 대립각을 세웠다. 결국 홍콩 시민들은 7·21 사건(원랑 폭력 사건)에서 경찰이 삼합회 폭력배와 협력하여 시민들을 무차별적으로 폭행하는 모습을 목격하며 경찰에 대한 신뢰를 완전히 상실했다. 여러 정황은 경찰과 폭력조직이 시민을 공격하는 계획이 CCP의 지시에 따른 것이었음을 시사한다.

또한 8·31 사건에서 경찰이 왕자오(MTR 프린스에드워드) 역에서 시민들을 무차별적으로 폭행했으며, 일부 희생자들이 사망했음을 은폐했다는 의혹이 있다.

경찰은 시민들을 무차별적으로 구타

더욱이, 많은 경찰이 이름표와 식별 번호 없이 정식 제복을 착용한 채 진압에 나서고 있다. 특수전술부대(Special Tactical Contingent) 소속 경찰 중 일부는 보통 홍콩인들이 사용하지 않는 중국 표준어(만다린)를 구사하며, 이들은 중국 인민해방군 소속 무장경찰이라는 의혹을 받고 있다. 외국 기자들이 이와 관련된 증거를 제시했음에도 불구하고, 경찰은 이를 부인하고 있다.

체포된 소녀에 대한 경찰의 성폭행 증거

여론조사에 따르면 약 70%의 홍콩 시민들이 경찰을 전혀 신뢰하지 않으며, 60%가 경찰 해체를 지지한다. 일부 경찰 내부에서도 홍콩 경찰이 이미 CCP의 통제하에 있다고 비관적으로 보는 시각이 있다. 미국 상원의원 테드 크루즈(Ted Cruz)는 홍콩을 방문한 자리에서 **"홍콩 경찰은 스스로 국민의 적이 되었다."**라고 언급한 바 있다.

최근 경찰의 폭력 행위는 경찰과 갱단의 협력, 무차별적인 최루탄 발사, 네 명의 눈을 실명시킨 빈백 탄환 사용, 시위대와 시민들에게 무차별적인 부상 입히기, 체포된 시위대에 대한 고문, 청소년에 대한 강간 및 학대, 범죄 증거의 파괴, 실탄 발사, 허위 증언 등으로 확대되었습니다. 이러한 모든 행위는 국제 인권 협약, 제네바 협약, 국제 아동 협약 등을 위반하는 것입니다.

우리는 더 이상 경찰이 공공의 안전을 유지하고 법을 올바르게 집행할 수 있다고 확신하지 않습니다. 따라서, 우리는 정의를 노골적으로 짓밟는 정부와 경찰을 지지할 수 없습니다. 이에 따라 우리의 여섯 번째 요구 사항은 경찰을 해체하고, 관련 경찰관들을 홍콩법 또는 국제법에 따라 법정에 세워 책임을 묻는 것입니다. 여섯 가지 요구 사항, 하나도 빠짐없이.

우리는 경찰이 없는 홍콩이 혼란에 빠지지 않을 것이라고 믿습니다. 사회 안전과 질서를 유지하는 데 꾸준히 기여해 온 **민간 지원 서비스(Civil Aid Service)**가 경찰의 역할을 대신할 수 있습니다. 현재 가장 시급한 문제는 경찰권이 통제 불능 상태에 빠졌다는 것입니다. 경찰을 재교육하는 전환 기간 동안 민간 지원 서비스가 경찰을 대체하는 것이 최선의 선택이며, 경찰 조직을 완전히 폐지하는 것 또한 고려해야 할 사안입니다.

<u>6번째 요구</u>

경찰을 해체하라!

22. 폭정에 맞선 투쟁

가장 폭력적인 정권이 실제로 폭력을 중단했습니다.

독재 정권에 맞서 혁명을 일으키는 것은 시민의 의무입니다. **샘와이즈(Samwise)**처럼, 저항과 자기방어는 전체주의 정권에 맞서는 시민들의 또 다른 책임입니다. 반송중(反送中) 운동을 통해 더 많은 사람들이 중국 공산당(CCP)의 악의와 폭력을 깨닫고, 홍콩의 핵심 가치가 공격받고 있음을 인식하게 되었습니다. 결국, **"일국양제(一国两制)"**는 CCP의 거짓말에 불과했습니다.

겉보기에는 자유로운 도시처럼 보이지만, 홍콩은 중국 반환 이후 22년 동안 정치 환경이 악화되었습니다. CCP가 "50년간 변하지 않을 것"이라던 일국양제는 불과 22년 만에 그 본질을 대부분 잃었고, **"일국일제(一

폭정에 맞서 싸우다.

国一制)"**로 향하고 있습니다. 이 사기에 의해 홍콩 시민들은 자유, 법치, 안전을 잃었습니다. 특히 시진핑 집권 7년 동안 홍콩의 상황은 더욱 악화되었습니다. CCP는 기본법을 해석하는 방식으로 홍콩의 선거, 여론, 자유, 법치에 개입하고, 국가보안법과 지역 폭력배들을 이용해 홍콩 시민들을 위협하고 있습니다. 또한 **중영 공동선언(中英聯合聲明)**과 기본법을 훼손하며, 백색테러(White Terror)로 홍콩을 짓누르고 있습니다. 이는 전형적인 폭정(tyranny)입니다.

반송중 법안(반범죄인 인도법 개정안)은 CCP가 주도한 것으로, 홍콩의 반체제 인사들을 중국 본토로 송환하여 재판을 받게 하고, 궁극적으로 중국 국가보안법을 홍콩에 도입하기 위한 포석이었습니다. 홍콩 시민들은 이 음모를 간파했고, 100만, 200만, 그리고 500만 명이 거리로 나서 저항했습니다.

이 폭정은 법 집행이라는 명목으로 무장하여 젊은 시위대를 공격하고, 법을 이용해 탄압하며, 심지어 시위대와 시민들에게 총격을 가하고 있습니다. "폭력을 멈추고 혼란을 억제한다"는 이유를 내세우며, 오히려 더 큰 혼란을 유발하고 있습니다. 홍콩 정부는 CCP에 굴복하여 시위대를 탄압하고, 법을 방패 삼아 스스로를 보호하고 있습니다.

7·21과 8·31 사건 이후, 시위대는 **반폭정(反暴政)**을 목표로 삼았습니다. 탄압이 거세질수록, 저항도 더욱 강해졌습니다. 6·12 사건에서 수많은 시위대가 부상을 입었고, 한 초등학교 교사가 눈을 다쳤으며, 한 시민이 머리에 총을 맞아 혼수상태에 빠졌습니다.

그러나 캐리 람과 홍콩 정부는 정치적 위기에 대해 반성하기는커녕 폭정의 강도를 높였습니다. 그들은 실탄 발사와 복면금지법(Prohibition on Face Covering Regulation) 등을 동원하여 시민과 시위대를 더욱 탄압했습니다. 이에 시민들은 더욱 다양한 방식으로 저항하며, 홍콩은 마치 전장이 되어버렸습니다.

경찰은 폭력으로 소녀를 추격

교회의 참여

홍콩의 교회는 반송중 운동에 적극 참여하며, 홍콩 시민들을 CCP에 송환하려는 법안이 부당하다고 판단했습니다. CCP는 끔찍한 인권 침해의 기록을 갖고 있으며, 교회는 하나님의 자비와 정의에 따라 홍콩 시민들의 자유와 평화를 지키기 위해 이 법안에 반대했습니다.

또한, 경찰의 폭력이 날로 심각해짐에 따라 교회는 시위대를 보호하기 위해 최전선에 나섰으며, 피난처를 제공하기도 했습니다. 목회자들은 거리로 나가 공개적으로 경찰의 폭력과 폭정을 규탄했습니다.

그러나 캐리 람 정부와 친정부 시민들은 시위대를 **폭도(Rioters)**

경찰은 여성 시위대에 대한 폭력적이고 음란한
성폭행만행

라고 비난했습니다. 친정부 시민들이 이러한 결론을 내린 것은 대부분 친정부 언론의 왜곡된 정보 때문이거나, 중국과의 경제적 이해관계가 있기 때문입니다.

단식 투쟁과 싸우는 홍콩 기독교 목사들

반폭정 시위대는 다양한 계층에서 나왔습니다. 의료진, 사회복지사, 목회자, 종교 단체, 연예계, 대학생, 초·중등학생, 공무원, 법조계, 회계사, IT 업계, 일반 시민 등 다양한 직군과 연령층이 참여했습니다. 운동은 단순한 응원에서 **저항(resistance)**으로 발전했으며, 저항의 노래는 전 세계에서 울려 퍼졌습니다.

탄압이 강해질수록, 저항도 더욱 강해집니다. 이 저항운동을 끝내기 위해서는, 홍콩 정부가 입법 및 행정적 조치를 중단하고, 경찰의 무차별적인 법 집행을 허용하지 말아야 합니다. 그렇지 않으면, 이 운동은 중국 본토로 확산되고, 결국 CCP의 통치를 위협하는 혁명으로 번질 것입니다.

홍콩 정부는 **"오대 요구(五大訴求), 하나도 빠짐없이(五大訴求 缺一不

叿)"**에 응답해야 합니다. 또한, 경찰을 해체하고, 희생된 시위대에게 보상하며, 경찰의 책임을 묻는 것이 시민들의 신뢰를 회복하는 길입니다.

중국 범죄인 인도 금지 운동, 2019

폭정과 저항은 한 쌍이다.

교회는 계속해서 홍콩을 위해 기도할 것입니다. 주님께서 홍콩에 평화를 가져다주시기를 기원합니다!

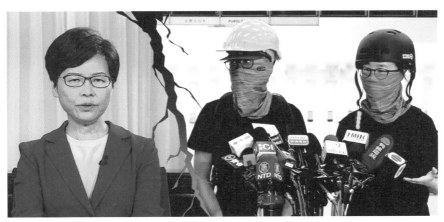

홍콩을 위한 자유 투쟁

23. 시민 불복종

시민 불복종

시민 불복종(Civil Disobedience)은 헌정 체제 내에서 소수 집단이 반대 의견을 표명하는 방법으로, 야당의 정치적 권리 중 하나입니다. 시민 불복종은 일부 법 위반을 수반할 수도 있지만, 이는 사회적 양심과 정의와 같은 공공의 이익을 위한 비범한 수단입니다.

시민 불복종은 법치에 대한 존중을 바탕으로 하며, 목표는 대중의 연대를 형성하는 것입니다. 마틴 루터 킹 목사는 다음과 같이 말했습니다.

"양심이 부당하다고 말하는 법을 어기고, 감옥에 남아 그 법의 불의함을 사회에 알리는 사람은, 그 순간 법에 대한 최고의 존경을 표현하는 것이다."

시민 불복종은 시민적 도덕성과 양심을 기반으로 하므로, 폭동과는 본질적으로 다릅니다. 이는 사회적 양심과 정의를 바탕으로 대중의 지지를 얻어야 합니다.

홍콩의 첫 번째 시민 불복종 운동

2014년 8월 31일, **베니 타이 교수(戴耀廷), 찬 킨만 교수(陳健民), 추 요우밍 목사(朱耀明)**는 **"사랑과 평화가 있는 센트럴 점거(Occupy Central with Love and Peace, OCLP)"**를 촉구했습니다. 이들은 홍콩의 정치 개혁안에 **보통선거(진정한 시민 직선제)**를 포함할 것을 요구했으나, 정부는 이를 거부했습니다. 이에 따라 OCLP는 시민 불복종 운동으로 선언되었고, 수십만 명의 홍콩 시민들이 지지했습니다.

이들은 애드머럴티(금종), 몽콕, 코즈웨이베이를 점거했고, 시위는 93일간 지속되었습니다. 결국, OCLP의 세 지도자는 체포되었고, 두 명은 징역 16개월을 선고받았으며, 추 목사는 2년간 집행유예를 선고받

2019년 7월 21일 위안롱역에서 경찰과 지하 세계가 결합하여 무차별적으로 공격합니다.

았습니다. 이는 홍콩 역사상 첫 번째 시민 불복종 운동이었습니다.

721 사건 이후 시민 불복종의 확산

반송중 운동(反送中運動)이 한창이던 2019년 7월 21일(721 사건), 경찰은 **폭력배(삼합회)**와 시민 간의 충돌 중 사라졌습니다. 이후 경찰이 갱단과 결탁한 모습이 포착되었고, 이로 인해 많은 친정부 시민들조차

시위대를 지지하기 시작했습니다. 그 결과, 경찰은 홍콩 역사상 최악의 불신을 받는 기관이 되었습니다.

2019년 9월 이후, 경찰은 **민간인권전선(民間人權陣線)**이 주최하는 모든 집회 신청을 거부했습니다. 이는 정부가 시민들의 시위를 조직적으로 탄압하는 것으로 해석됩니다. 하지만 홍콩 기본법은 시민들에게 시위할 권리를 부여하고 있으며, 홍콩은 또한 유엔 인권 협약을 체결한 바 있습니다.

그러나 홍콩 정부와 경찰이 독재적으로 변해가고 있음에도 불구하고, 홍콩 시민들은 체포될 위험을 감수하며 거리로 나섰습니다. 이처럼 홍콩에서 시민 불복종이 확산된 계기는 정부와 경찰이 먼저 법을 어기고, 시민들을 무차별적으로 공격했기 때문입니다. 경찰과 시민 간의 관계는 홍콩 역사상 최악이 되었고, 시민들은 경찰 해체를 요구하기 시작했습니다.

721 및 831 사건 이후, 홍콩에서는 낮 시간대에도 경찰 순찰이 거의 사라졌고, 긴급 신고 전화도 제대로 연결되지 않았습니다. 특히 웡랑(元朗), 북포인트(北角), 춘완(荃灣) 사건에서도 경찰과 폭력배들이 결탁한 정황이 드러나면서, 시민들은 경찰을 신뢰하지 않게 되었습니다. 결과적으로, 시민 불복종은 홍콩의 새로운 일상이 되었습니다.

복면금지법과 시민 불복종

2019년 10월 4일, 홍콩 특별행정구 정부는 **긴급법(Emergency Law)**을 근거로 **복면금지법(Prohibition on Face Covering Regulation)**을 시행했습니다. 경찰 및 종교·건강상의 이유를 제외한

우산 운동과 중앙 점령 시위 2014

모든 시민들은 마스크 착용이 금지되었고, 이를 위반할 경우 최대 1년의 징역형이 선고될 수 있었습니다.

그러나 10월 5일, 시민들은 이 법을 무시하고 마스크를 쓴 채 거리로 나섰습니다. 이는 또 하나의 시민 불복종 행동이었습니다. 특히, 이 법안은 입법회(입법원)의 승인 없이, 발표된 지 24시간도 채 되지 않아 강행되었습니다.

새로운 형태의 시민 불복종

OCLP와 달리, 2019년의 시민 불복종 운동은 중앙 지도부 없이 전개되었습니다. 이는 인터넷을 통한 분산적 전략을 통해 조직되었으며, 보다 유연한 방식으로 전개되었습니다. 하지만, 이 운동은 5년 전 OCLP 운동과 연결되어 있으며, OCLP에 참여했던 많은 시위대가 다시 거리로 나섰습니다.

그들은 지난 운동에서 배운 교훈을 적용하며, 더욱 단결된 모습을 보였습니다. 이는 중국 공산당(CCP)과 홍콩 정부에 맞선 통합된 시민 불복종 운동으로, 궁극적으로 **"홍콩 해방, 시대 혁명(光復香港, 時代革命)"**을 목표로 하고 있습니다.

베니 타이 교수, 2015년 8월 31일

우리는 CCP와 홍콩 정부가 시민들의 요구에 응답할 때까지, 이 집단적 노력(Civil Disobedience)을 지속해야 합니다.

마지막으로, 이 시민 불복종 운동이 끝난 후, 마스크를 벗고 서로를 껴안으며 승리를 축하할 날이 오기를 바랍니다.

우리는 진정한 선거를 원한다.

24. 홍콩 인권 및 민주주의 법
(Hong Kong Human Rights and Democracy Act)

(미국상원의원 마르코 안토니오 루비오)

2014년 11월, 우산 운동(Umbrella Movement) 기간 동안 미국 의회와 미 의회-행정부 중국위원회(CECC)는 처음으로 "홍콩 인권 및 민주주의 법(Hong Kong Human Rights and Democracy Act)" 초안을 발표했다. 이 법안은 1992년 제정된 **"미국-홍콩 정책법(United States-Hong Kong Policy Act)"**의 연례 보고서 제출을 재개하고, 홍콩이 일정 수준의 자치를 유지하고 있는지를 대통령이 의회에 보고하도록 요구했다. 그러나 이 법안은 의회의 임기 만료로 인해 보류되었다.

2016년 11월, 홍콩 사회운동가 조슈아 웡(Joshua Wong)은 미국 의회를 방문해 크리스 스미스(Chris Smith), 마르코 루비오(Marco Rubio), 톰 코튼(Tom Cotton) 등에게 법안 재추진을 요청했다. 이후 루비오와 코튼이 법안을 상정하려 했으나, 다시 한 번 의회 임기 만료로 인해 무산되었다.

의회 회기가 끝난 후 루비오와 코튼은 이 법안을 의제에 올리려고 시도했지만 비슷한 이유로 다시 보류되었습니다. '홍콩 인권 및 민주주의법'은 의회와 상원에서 공화당과 민주당 모두 의제에 올랐습니다. CECC에 따르면 이 법안은 중국 정부에 의해 홍콩의 자치권이 방해받을 때 홍콩의 민주주의, 인권, 법치주의에 대한 미국의 약속을 재확인하는 내용입니다. CECC의 공동 의장들은 이 법안을 추진했습니다.

2019년 6월 9일, 홍콩에서 범죄인 인도 법안(Extradition Bill) 반대 시위가 100만 명 규모로 열리자, 미국은 홍콩 시민들의 자유와 법치, 민주주의를 지지하기 위해 이 법안을 다시 추진하게 되었다.

하원의원, 민주당 짐 맥거번, 공화당 크리스 스미스 전 CECC 의장. 맥거번은 범죄인 인도 법안이 통과되면 홍콩의 자치권과 민주주의가 지속적으로 약화되어 미국은 홍콩이 받고 있는 경제 및 무역 특권을 재평가할 수밖에 없을 것이라고 설명했습니다.

루비오는 6월 8일 백만 명의 홍콩인이 범죄인 인도 법안에 항의하며 거리로 나서는 것을 목격한 후 미국은 자유권, 법치주의, 시위를 위한 홍콩인들의 노력을 지원하기 위해 대응해야 한다고 말했습니다.

2019년 6월 의회의 발표에 따르면 이 법안에는 주로 다음과 같은 내용이 포함되어 있습니다:

1. 1992년에 발표된 미국-홍콩 정책법에 따라 국무장관이 의회에 제출한 연례 보고서;
2. '코즈웨이 베이 도서 실종'과 홍콩의 자유 억압을 담당하는 대통령이 작성한 인력 목록;
3. 대통령이 새로 작성한 범죄인 인도 법안의 위협으로부터 미국 시민과 기업을 보호하기 위해 작성한 전략 계획, 기존 범죄인 인도 협정 변경 및 국무부의 여행 경고를 포함한 초안;
4. 미국과 유엔이 북한과 이란에 부과한 이중 용도 품목 수출 규제 준수와 제재에 관한 홍콩 상무부가 제출한 연례 보고서;
5. 민주주의, 인권, 법치주의를 위해 싸우는 평화 시위 참가자 보장을 위해 비자를 발급하고 범죄 기록에 의해 방해받지 않도록 합니다.

법안의 주요 내용

홍콩 인권 및 민주주의법은 2019년 10월 16일 하원에서 처음으로 만장일치로 통과되었습니다. 모든 토론과 일련의 변화로 인해 2019년 11월 19일 상원이 통과하지 못하면 다시 통과되었습니다. 이러한 변화로 인해 상원에서의 토론이 다시 격화되면서 11월 20일 링 하원으로 넘어갔고, 법안은 417건의 '예'와 1건의 '아니오'를 통과했습니다. 일주일 후, 도널드 혹 미국 대통령은 추수감사절 아침(2019년 11월 24일 오전 7시 45분)에 법안에 서명하여 법안에 서명했습니다. 이 법안의 서명은 홍콩인들로부터 따뜻한 환영을 받았습니다. 만 명의 사람들이 미국의 지지에 감사하며 아인버그 플레이스에 모였습니다. 홍콩 인권 및 민주주의법 제정 이후 영국, 네덜란드, 캐나다, 이탈리아, 일본, 한국, 호주 등 많은 서구 국가들은 홍콩인의 인권을 보호하기 위해 BWS를 설립하기로 결정했습니다. 이 법안 통과에 항의하여 중국은 하루 만에 51건의 강력한 반대 의견을 발표했습니다. 이들의 반응은 그의 행동이 중국 공산당과 홍콩 정부에 얼마나 치명적인지 보여줍니다. 상원에서 토론 중 수정된 다섯 가지 주요 초점은 변하지 않았지만, 단어 사용과 요구는 더 가혹하고 정확해졌습니다.

(1). 홍콩의 자치 수준에 대한 보다 명확한 요구. 단어 사용 측면에서 '충분히 자율적'인 대신, 연례 평가는 이제 입법부, 행정부, 사법부에서 '자율적인 의사 결정'을 요구합니다.
(2). 보다 포괄적인 제재 범위. 이 법에서 제재는 기본적인 인간을 불법적으로 이송, 구금, 고문, 재판하는 사람들에게 적용됩니다
    편집 후에는 중국으로의 이송을 위협하고 불법 체포하며 '한 나라, 두 체제' 규칙과 '중영 공동 선언'을 과시한 모든 관련자와 책임자가 포함됩니다
(3). 비자 사용과 관련된 단어에 대한 조정. 이 법은 더 이상 비자를 신청할

때 '평화 시위' 참가자의 범죄 기록만 생략하도록 권장하지 않습니다.

(4). 수출 보고서의 변경. 이 법은 처음에 상무부가 매년 수행하는 평가를 요구했습니다. 이제 이 법은 홍콩이 미국의 수출법과 제재를 준수하는지 여부에 대해 대통령이 수행하는 평가를 요구합니다.

(5). 미국 기업, 미국 시민 및 홍콩 내 이익을 보호하기 위한 전략 초안을 작성합니다. 원래 범죄인 인도 법안으로부터 미국 시민과 기업을 보호하기 위해 작성된 이 법은 홍콩 정부가 홍콩에서 미국의 이익을 보호하기 위해 유사한 법안을 통과시키려 할 때 국무장관에게 즉시 의회에 통보하도록 요구합니다.

홍콩 보호법은 유엔 인권최고대표 및 기타 인권 단체의 항의 시위에서 홍콩 정부가 사용한 아래 국제 표준 군중 통제 전략에 대한 비난과 이에 대한 별도의 조사 착수 요청을 언급했습니다. 일부 보고서에 따르면 특정 미국 기업이 홍콩 정부에 탄약과 덜 치명적인 군중 통제 무기를 공급한 것으로 나타났습니다. 홍콩 시민과 국제 사회 모두 홍콩 정부에 덜 치명적인 군중 통제 무기 사용 방식을 변경할 것을 요구했지만 정부는 이를 무시했습니다. 이 법이 통과되면 미국 정부는 덜 치명적인 무기 71개와 같은 군사 장비 및 전술 물자의 수출을 금지할 것입니다.

2019년 6월 발표된 법안의 핵심 내용은 다음과 같다.

홍콩의 자치 상태에 대한 연례 보고서 제출

미 국무장관은 홍콩의 자치 수준을 평가하는 연례 보고서를 의회에 제출해야 한다.

인권 탄압 관련 인물 제재

"중국 및 홍콩의 인권 탄압과 관련된 인물"을 제재 대상자로 지정하고, 이들의 미국 내 자산을 동결하며 입국을 금지한다.

미국 기업 및 시민 보호

미국 정부는 홍콩에서 미국 기업과 시민이 인권 탄압을 받지 않도록 보호해야 하며, 범죄인 인도법이 미국 기업과 개인에 미치는 영향을 평가해야 한다.

홍콩의 수출 통제 규정 준수 여부 평가

미 상무부는 홍콩이 미국의 수출 통제 및 대북·이란 제재를 준수하는지에 대한 연례 보고서를 제출해야 한다.

평화적 시위 참가자의 비자 발급 보장

홍콩에서 평화적 시위에 참여한 시민들이 미국 비자를 신청할 때, 정치적 이유로 거부되지 않도록 해야 한다.

법안 통과 과정

2019년 10월 16일: 미 하원 만장일치 통과

2019년 11월 19일: 미 상원 통과

2019년 11월 20일: 하원에서 수정된 법안을 417 대 1로 가결

2019년 11월 24일: 도널드 트럼프 대통령이 서명 후 법안 발효

홍콩 시민들은 미국의 지지에 감사를 표하며, 에든버러 광장(Edinburgh Place)에서 수만 명이 모여 환영 집회를 열었다.

법안의 영향과 중국의 반응

이 법안이 통과된 후, 중국 정부는 하루 동안 51건의 강경한 반대 성명을 발표했다.

중국은 **"내정 간섭"**이라며 미국을 비난했고, 홍콩 행정장관 캐리 람(Carrie Lam)과 친중 인사들은 법안에 반대 입장을 표명했다.

반면, 미국은 홍콩의 자치를 보장하지 않는 중국 정부와 친중 인사들에게 제재를 가할 수 있는 법적 근거를 마련했다.

PROTECT 홍콩 법안

이와 함께 **"PROTECT Hong Kong Act"**도 함께 추진되었다.

이 법안은 홍콩 경찰의 강경 진압과 인권 탄압을 문제 삼아, 홍콩 경찰에게 군수 물자 및 무기 수출을 금지하는 내용을 담고 있다.

법안 통과 후,

미국은 홍콩 경찰에게 최루탄, 고무탄, 군수 물자를 수출하는 것을 금지했다. 홍콩 경찰의 인권 침해에 대한 독립적 조사가 이루어질 때까지 이러한 금지는 유지된다.

홍콩을 위한 국제 사회의지지

미국 하원은 홍콩 인권 및 민주주의법의 통과를 지지

미국의 법안 통과 이후, 영국, 캐나다, 일본, 한국, 네덜란드, 호주 등 여러 서방 국가들이 홍콩 시민들의 인권 보호를 위한 법안을 추진하기 시작했다.

특히, 영국은 2020년부터 홍콩 시민들에게 BNO(British National Overseas) 비자 발급을 확대하는 조치를 취했다.

홍콩 민주화 운동과 향후 전망

홍콩 시민들은 **"우리는 결코 포기하지 않는다"**는 정신으로 계속해서 민주주의를 위해 싸우고 있다.

2019년 반송법(Extradition Bill) 반대 시위 이후,

홍콩 경찰의 강경 진압

7.21 원랑(元朗) 폭력 사건

8.31 지하철 경찰 폭력 사건

홍콩 대학 캠퍼스 진압

등의 사건이 발생하며 홍콩 내 경찰과 시민의 관계는 최악으로 치달았다.

홍콩 시민들은 **"우리는 홍콩을 지키기 위해 싸운다. 자유를 위해 싸운다. 민주주의를 위해 싸운다."**라는 신념을 가지고 있으며, 중국 공산당과의 투쟁은 계속될 것이다.

첫 번째 제재 대상자

2020년 8월, 미국은 홍콩 자치를 침해한 인물들에 대해 첫 번째 제재 조치를 발표했다.

제재 대상자:

캐리 람(Carrie Lam) (홍콩 행정장관)

테레사 청(Teresa Cheng) (법무부 장관)
스티븐 로(Stephen Lo) (전 홍콩 경찰청장)
크리스 탕(Chris Tang) (홍콩 경찰청장)
레지나 입(Regina Ip) (행정회의 멤버)

제재 내용:
미국 내 자산 동결
미국 입국 금지
미국 내 금융 거래 차단

결론
홍콩 인권 및 민주주의 법(Hong Kong Human Rights and Democracy Act)

2014년 11월, 우산 운동(Umbrella Movement) 기간 동안 미국 의회와 미 의회-행정부 중국위원회(CECC)는 처음으로 "홍콩 인권 및 민주주의 법(Hong Kong Human Rights and Democracy Act)" 초안을 발표했다. 이 법안은 1992년 제정된 **"미국-홍콩 정책법(United States-Hong Kong Policy Act)"**의 연례 보고서 제출을 재개하고, 홍콩이 일정 수준의 자치를 유지하고 있는지를 대통령이 의회에 보고하도록 요구했다. 그러나 이 법안은 의회의 임기 만료로 인해 보류되었다.

2016년 11월, 홍콩 사회운동가 조슈아 웡(Joshua Wong)은 미국 의회를 방문해 크리스 스미스(Chris Smith), 마르코 루비오(Marco Rubio), 톰 코튼(Tom Cotton) 등에게 법안 재추진을 요청했다. 이후 루

미국 의회는 홍콩 보호법을 통과시켰습니다.

비오와 코튼이 법안을 상정하려 했으나, 다시 한 번 의회 임기 만료로 인해 무산되었다.

2019년 6월 9일, 홍콩에서 범죄인 인도 법안 (Extradition Bill) 반대 시위가 100만 명 규모로 열리자, 미국은 홍콩 시민들의 자유와 법치, 민주주의를 지지하기 위해 이 법안을 다시 추진하게 되었다.

법안의 주요 내용

2019년 6월 발표된 법안의 핵심 내용은 다음과 같다.

홍콩의 자치 상태에 대한 연례 보고서 제출

미 국무장관은 홍콩의 자치 수준을 평가하는 연례 보고서를 의회에 제출해야 한다.

상원 토론 중 다섯 가지 주요 초점은 변하지 않았지만, 단어 사용과 요구는 점점 더 정확해졌습니다: 1) 홍콩의 자율성 수준에 대한 보다 명확한 요구. 단어 사용 측면에서 '충분히 자율적'인 대신, 이제 연례 평가는 입법부, 행정부, 사법부에서 '자율적인 의사 결정'을 요구합니다. (2). 보다 포괄적인 제재 범위. 이 법에서 제재는 기본적인 인간을 행사하는 사람들을 불법적으로 이송, 구금, 고문, 재판한 사람들에게 적용됩니다인권 탄압 관련 인물 제재

"중국 및 홍콩의 인권 탄압과 관련된 인물"을 제재 대상자로 지정

하고, 이들의 미국 내 자산을 동결하며 입국을 금지한다.

미국 기업 및 시민 보호

미국 정부는 홍콩에서 미국 기업과 시민이 인권 탄압을 받지 않도록 보호해야 하며, 범죄인 인도법이 미국 기업과 개인에 미치는 영향을 평가해야 한다.

중국 공산당 정부는 대응하고 비난

홍콩의 수출 통제 규정 준수 여부 평가

미 상무부는 홍콩이 미국의 수출 통제 및 대북·이란 제재를 준수하는지에 대한 연례 보고서를 제출해야 한다.

평화적 시위 참가자의 비자 발급 보장

홍콩에서 평화적 시위에 참여한 시민들이 미국 비자를 신청할 때, 정치적 이유로 거부되지 않도록 해야 한다.

법안 통과 과정

2019년 10월 16일: 미 하원 만장일치 통과

2019년 11월 19일: 미 상원 통과

2019년 11월 20일: 하원에서 수정된 법안을 417 대 1로 가결

2019년 11월 24일: 도널드 트럼프 대통령이 서명 후 법안 발효

홍콩 시민들은 미국의 지지에 감사를 표하며, 에든버러 광장(Edinburgh

Place)에서 수만 명이 모여 환영 집회를 열었다.

이 법안이 통과된 후, 중국 정부는 하루 동안 51건의 강경한 반대 성명을 발표했다.

중국은 **"내정 간섭"**이라며 미국을 비난했고, 홍콩 행정장관 캐리 람(Carrie Lam)과 친중 인사들은 법안에 반대 입장을 표명했다.

법안의 영향과 중국의 반응

반면, 미국은 홍콩의 자치를 보장하지 않는 중국 정부와 친중 인사들에게 제재를 가할 수 있는 법적 근거를 마련했다.

PROTECT 홍콩 법안

이와 함께 **"PROTECT Hong Kong Act"**도 함께 추진되었다.

이 법안은 홍콩 경찰의 강경 진압과 인권 탄압을 문제 삼아, 홍콩 경찰에게 군수 물자 및 무기 수출을 금지하는 내용을 담고 있다.

법안 통과 후,

미국은 홍콩 경찰에게 최루탄, 고무탄, 군수 물자를 수출하는 것을 금지했다.

홍콩 경찰의 인권 침해에 대한 독립적 조사가 이루어질 때까지 이러한 금지는 유지된다.

홍콩을 위한 국제 사회의 지지

미국의 법안 통과 이후, 영국, 캐나다, 일본, 한국, 네덜란드, 호주 등
여러 서방 국가들이 홍콩 시민들의 인권 보호를 위한 법안을 추진하기
시작했다.

특히, 영국은 2020년부터 홍콩 시민들에게 BNO(British National
Overseas) 비자 발급을 확대하는 조치를 취했다.

홍콩 민주화 운동과 향후 전망

홍콩 시민들은 **"우리는 결코 포기하지 않는다"**는 정신으로 계속해
서 민주주의를 위해 싸우고 있다.

2019년 반송법(Extradition Bill) 반대 시위 이후,

홍콩 경찰의 강경 진압

7.21 원랑(元朗) 폭력 사건

8.31 지하철 경찰 폭력 사건

홍콩 대학 캠퍼스 진압 등의 사건이 발생하며 홍콩 내 경찰과 시민의
관계는 최악으로 치달았다.

홍콩 시민들은 **"우리는 홍콩을 지키기 위해 싸운다. 자유를 위해 싸운
다. 민주주의를 위해 싸운다.**라는 신념을 가지고 있으며, 중국 공산당과
의 투쟁은 계속될 것이다.

첫 번째 제재 대상자

2020년 8월, 미국은 홍콩 자치를 침해한 인물들에 대해 첫 번째 제재
조치를 발표했다.

제재 대상자:

캐리 람(Carrie Lam) (홍콩 행정장관)

테레사 청(Teresa Cheng) (법무부 장관)

스티븐 로(Stephen Lo) (전 홍콩 경찰청장)

크리스 탕(Chris Tang) (홍콩 경찰청장)

레지나 입(Regina Ip) (행정회의 멤버)

제재 내용:

미국 내 자산 동결

미국 입국 금지

미국 내 금융 거래 차단

결론

"홍콩 인권 및 민주주의 법"은 홍콩 시민들의 자유, 인권, 법치를 보호하기 위한 중요한 법안이다. 이 법안의 통과는 홍콩 시민들의 민주주의 투쟁을 세계가 지지하고 있음을 보여주었다.

홍콩 시민들은 **"우리는 자유를 포기하지 않는다."**라는 신념을 가지고 있으며, 자유와 민주주의를 향한 투쟁은 계속될 것이다.

"홍콩 인권 및 민주주의 법"은 홍콩 시민들의 자유, 인권, 법치를 보호하기 위한 중요한 법안이다. 이 법안의 통과는 홍콩 시민들의 민주주의 투쟁을 세계가 지지하고 있음을 보여주었다. 홍콩 시민들은 **"우리는 자유를 포기하지 않는다."**라는 신념을 가지고 있으며, 자유와 민주주의를 향한 투쟁은 계속될 것이다.

첫 번째 승인된 공무원 배치에는 캐리 람이 포함
테레사 청, 스티븐 로, 크리스 탕, 레지나 입

25. 캠퍼스 전장

대학이 전장의 서막이 되다.

2019년 11월 4일, 홍콩과학기술대학교 학부생인 알렉스 초우 츠록(Alex Chow Tsz-Lok)은 경찰에 의해 추격당한 후 츠엉콴오(Tseung Kwan O)의 주차장 난간에서 떨어졌다. 그는 4일간의 집중 치료 끝에 심정지로 사망했다. 알렉스의 비극적인 죽음에 대한 반응으로 홍콩 시민들은 "새벽 작전(Operation Dawn)"을 전개하여 11월 12일 노동, 수업, 금융 시장에 대한 총파업을 감행했다.

대학들은 홍콩 시위대가 조직한 각종 총파업 활동에서 중요한 거점 역할을 했다. 경찰은 이날 아침 구룡통(Kowloon Tong) 주변에 바리케이드를 설치하고, 홍콩시립대학교(CityU)의 캠퍼스 및 기숙사에 최루탄을 발포했다. 이는 홍콩 역사상 처음 있는 일이었다.

폭동 진압 경찰이 CUHK 캠퍼스에 진입, 학생들이 두 번째의 다리에서 싸우고 있다.

이날 시위에는 홍콩시립대학교(CityU), 홍콩침례대학교(BU), 홍콩대학교(HKU), 홍콩중문대학교(CUHK), 홍콩이공대학교(PolyU) 등 다섯 개 대학이 포함되었다. 이 중 가장 치열한 전투가 벌어진 곳은 홍콩중문대학교(CUHK)와 홍콩이공대학교(PolyU)였다. 홍콩대학교와 홍콩침례대학교의 학생들은 도로에 바리케이드를 세우고 장애물을 설치했으며, 홍콩시립대학교 학생들은 페스티벌 워크(Festival Walk) 상가에서 활동했다. 경찰과 시위대 간의 충돌은 계속되었고, 결국 경찰은 시립대 캠퍼스와 기숙사에 최루탄을 발사했다.

같은 날, 홍콩중문대학교(CUHK) 근처에서도 수백 명의 학생이 블랙 블록(black bloc) 방식으로 시위를 벌였다. 시위대는 경찰의 진입을 막기 위해 대학역(University Station)과 토로 하이웨이(Tolo Highway) 인근에 장애물을 설치했다. 경찰과 시위대가 캠퍼스 경계에서 대치하며 긴장이 고조되었고, 학생들은 "중문대는 우리 집이다(CUHK is my home)"라고 외치며 경찰의 폭력을 규탄했다. 그들은 우산과 쓰레기통을 방패 삼아 경찰과 대치하며 벽돌과 화염병을 던졌다. 캠퍼스 곳곳에서 불길이 치솟아 전장을 방불케 했다.

　　홍콩중문대학교 부총장은 경찰에게 "2번 다리(Bridge No.2)를 절대 밟지 말라"며 철수를 요청하고, 학생들에게도 다리 근처에 가지 말라고 지시하며 사태를 진정시키려 했다. 그러나 오후 3시, 경찰은 다리를 급습해 학생들을 체포하고 경찰차에 구금했다. 경찰은 이에 대해 "홍콩중문대학교 캠퍼스는 사유지가 아니므로 체포는 정당하다"고 주장했다. 하지만 학교 측은 캠퍼스가 명백한 사유지이며, 경찰의 체포는 불법적인 침해라고 반박했다.

CUHK 총장 교수 록키 투안 항소, 치열한 전쟁 중이다.

　　그날 밤, 홍콩중문대학교 총장 록키 투안(Rocky Tuan) 교수는 캠퍼스를 방문해 학생들과 경찰을 설득하려 했다. 그는 "학생들이 벽돌과 화염병을 던지지 않는 한, 경찰이 캠퍼스에 들어올 이유가 없다"고 주장했다. 그러나 오후 7시 30분경 경찰은 다시 최루탄을 발사했고, 이에 시위대는 화염병을 던지며 체포된 학생들의 석방을 요구했다. 오후 10시까지 총장은 네 차례나 휴전을 요청했지만 경찰은 또다시 최루탄을 퍼부었다. 결국

경찰과 대치중이다.(폴리테크닉대학 근처)

부총장조차 가스 마스크와 보호 장구를 착용한 채 학생들 사이에 합류했다. 전직 총장 조셉 쑹(Joseph Sung)도 도로 봉쇄를 해제하도록 학생들을 설득하려 했다.

이 사건으로 총 51명이 부상을 입었으며, 그중 40명이 남성, 11명이 여성이었다. 체포된 학생 중 일부는 전 총장 조셉 쑹이 보석금을 지급하여 풀려났다. 14개 대학 및 커뮤니티 칼리지 학생회는 성명을 발표해 경찰의

폴리테크닉대학에서 전장

폭력을 강력히 규탄하고 홍콩중문대학교 학생들과 연대할 것임을 밝혔다.

오후 10시 30분, 경찰은 물대포와 최루탄을 마지막으로 발사한 후 철수하기로 했다. 그러나 경찰은 철수 직전까지 공격을 멈추지 않았고, 총장 록키 투안 교수마저 최루가스에 노출되어 캠퍼스를 떠나야 했다. 다음날 새벽 1시경, 경찰 특수부대(랩터스, Raptors)가 캠퍼스를 포위하고 계속해서 고무탄과 최루탄을 발포했다.

11월 16일, 침사추이(尖沙咀) 과학박물관로(Science Museum Road)를 따라 가면, 차탐로드(Chatham Road)에 벽돌과 바리케이드가 가득한 것을

CUHK 치열한 전쟁을 벌이고 있다.

볼 수 있었다. 홍콩이공대학교(PolyU)에서도 경찰과 시위대 간의 충돌이

점점 격화되었다. 경찰은 물대포, 장갑차, 최루탄을 동원해 여러 차례 공격을 감행했고, 시위대는 화염병과 우산으로 맞섰다. 오후 6시 30분, 폴리유(PolyU)는 비상사태를 선포하고 전원 대피를 요청했다. 밤이

100개의 중학교 교장선생이 폴리대학에 와서 자기 애들을 구함

되자 시위대가 던진 화염병에 경찰 장갑차와 물대포 차량이 불타올랐다.

경찰은 시위대를 진압하기 위해 음파무기를 사용하기도 했다. 경찰은 시위대를 완전히 포위하고 캠퍼스를 봉쇄했다. 부상자들은 적절한 치료를 받지 못했고, 물자도 부족해졌다. 이러한 상황에서도 폴리유 총장 텅진광 (Teng Jin-guang)은 모습을 드러내지 않았다. 경찰과 시위대 간의 신뢰가 무너진 가운데, 학생들은 대학 총장이 나서야 한다고 요구했지만 그는 성명만 발표할 뿐 직접 개입하지 않았다.

경찰이 폴리유 성문을 점령하고 학생들을 체포하다.

백여명의 학생들과 시위대들을 구조하다.

　월요일, 부모들이 폴리유(PolyU)에 모여 자녀들의 안위를 확인했다. 그들은 캠퍼스 앞에 앉아 경찰 라인을 막으며 지지의 뜻을 표했다. 수십 명의 중·고등학교 교장들도 학생들을 데려가기 위해 도착했다. 이들은 경찰과 대화를 시도했고, 경찰은 미성년 시위 참가자의 개인정보를 등록하는 조건으로 체포하지 않겠다고 약속했다. 경찰은 학생들에게 저항을 포기하도록 설득했지만, 약 1,000명의 시위대는 이를 거부하고 폴리유 캠퍼스에 남았다.

모두가 매우 약해질 때까지 머문 후, 몇 명의 학생들과 시위대들은 중국 감옥에 보내짐

　일부 학생과 시위대는 체포와 기소를 피하기 위해 로프를 이용해 탈출하거나 하수도를 통해 도망쳤다. 일부는 정문을 통해 탈출하려다 체포되었으며, 소수의 시위대는 경찰에 자진 항복하기도 했다. 그러나 체포된 이들은 공정한 대우를 받지 못했다. 한 기자는 체포된 시위대가 광둥성 후이양 감옥으로 향하는 기차에 강제로 태워지는 모습을 사진으로 기록했다. 이러한 비인도적이고 불법적인 기소 절차는 모두의 관심과 우려를 불러일으켜야 한다. 의료 지원이 필요한 사람들은 자원봉사 응급구조대에 의해 병원으로 이송되었다. 대규모 탈출 이후, 지친 학생과 시위대 몇 명만이 폴리유 캠퍼스에 남아 있었다.

　화요일 밤, 시위대는 인터넷을 통해 야우마테이, 조던 로드, 흥홈에서 폴리유에 갇힌 학생들과 시위대를 지지하는 집회를 열도록 독려했다. 그러나 핏 스트리트에 모인 많은 인파를 향해 경찰은 자비를 베풀지 않았다. 오히려 경찰은 2톤 무게의 경찰차를 군중 속으로 돌진시키며 무자비한 진압을 감행했고, 이로 인해 60명 이상의 부상자와 사망자가 발생했다. 홍콩 시민들이 자랑스러워했던 법치가 무너지고, 중국 공산당의 철권 통치 도구로 전락하는 모습을 보는 것은 매우 안타까운 일이었다.

중국 교도소로 보내짐

폴리택대학교는13일간의 포위 공격 끝에
차단 해제됨

　선거 다음 날인 11월 25일 월요일, 새로 선출된 구의회 의원들이 폴리유를 방문해 학생들과 시위대가 탈출할 수 있도록 돕고자 했다. 그러나 끝까지 대학을 떠나지 않겠다고 결심한 이들을 모두 설득하지는 못했다. 11월 29일까지 열 명의 학생과 시위대가 캠퍼스에 남아 있었고, 결국 경찰이 철수하며 폴리유 봉쇄를 해제했다. 13일간의 봉쇄 끝에 폴리유는 다시 평온을 되찾았고, 대부분의 학생과 시위대는 집으로 돌아갔다.

홍콩 대학 캠퍼스에서의 포위전은 미국 의회에서 홍콩 인권·민주주의 법(Hong Kong Human Rights and Democracy Act) 제정을 촉진했다. 의회는 캠퍼스 내에서 벌어진 경찰의 잔혹 행위, 최루탄, 고무탄, 빈백탄 사용이 교육과 학문의 장을 모독하는 비인도적이고 용납할 수 없는 행위라고 규탄했다. 도널드 트럼프 대통령이 추수감사절에 이 법안에 서명함으로써, 홍콩 경찰에 대한 제재가 공식적으로 시행되었다.

"너희는 이전 일을 기억하지 말며 옛날 일을 생각하지 말라. 보라, 내가 새 일을 행하리니 이제 나타낼 것이라. 너희가 그것을 알지 못하겠느냐? 내가 광야에 길을 내고 사막에 강을 내리라." (이사야 43:18-19)

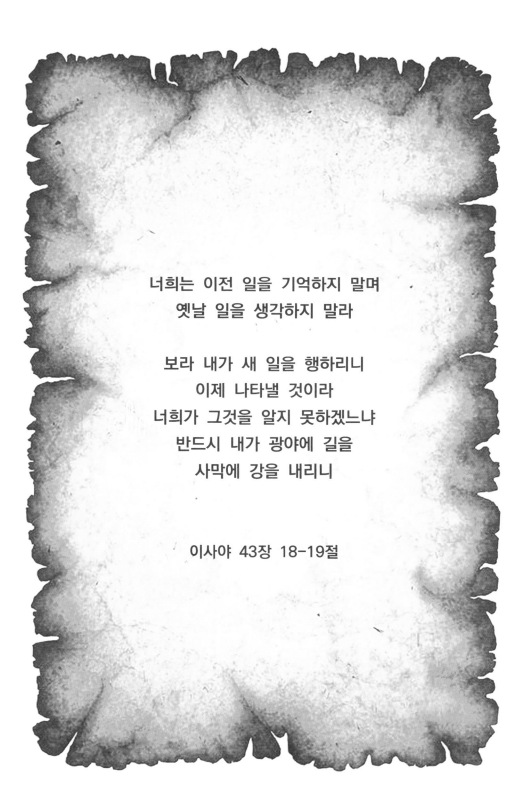

너희는 이전 일을 기억하지 말며
옛날 일을 생각하지 말라

보라 내가 새 일을 행하리니
이제 나타낼 것이라
너희가 그것을 알지 못하겠느냐
반드시 내가 광야에 길을
사막에 강을 내리니

이사야 43장 18-19절

26. 의회를 위한 전투

1981년 이후 홍콩의 지방 의회 제도는 여러 차례 변화해 왔으며, 이는 영국령 홍콩 정부가 대표 민주주의의 기본적인 민주적 틀을 구축하려는 시도의 일부였다. 40년이 지난 지금, 지방  의회는 홍콩 지방 정부의 필수적인 부분이 되었다. 각 18개 구에는 보통 선거를 통해 시민들이 선출한 다수의 대표가 존재한다.

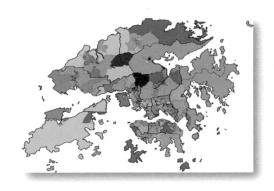 1997년 주권 반환 이후, 지방 의회는 20년 넘게 친정부 및 왕당파 정당이 장악했다. 반면, 민주 진영은 최대한으로도 의석의 3분의 1만을 확보하는 데 그쳤다. "우산 혁명" 이후에도 민주 진영 대표의 수는 크게 늘지 않았고, 친정부 및 왕당파 정당들은 권력을 유지하고 예산과 자원을 독점하기 위해 온갖 술수를 동원했다. 주권 반환 이후 친중 정치인들은 홍콩 관료 체계에 침투하는 데 주력하여 지방 의회를 홍콩 시민을 세뇌하고 통제하는 도구로 전락시켰다.

6개월간의 지속적인 시위 끝에, 홍콩 시민들은 학생들과 청년들이 무엇을 위해 싸우는지 깨닫기 시작했다. 민주주의, 자유, 법치—이것이 바로 홍콩이 중국의 침식으로부터 우리 핵심 가치를 지키기 위해 필요한 요소들이다. 1997년 주권 반환 이후 22년 동안, 우리의 가치는 지속적으로 공격받고 중국의 영향으로 대체되어 왔다. **"홍콩의 해방"**을 외치며, 수백만 시민이 "일국양제"와 진정한 민주주의를 지키기 위해 싸우고 있다. 지방 의회 선거는 이 6개월간의 투쟁에서 우리의 마지막 전선이며, 왕당파와 친중 세력을 몰아내는 것이 목표다.

2015 District Council Election result
royalists & pro-government parties
democratic parties

역사적 선거: 투표율 71.23%

2019년 11월 24일, 새 임기의 지방 의회를 선출하는 선거가 진행되었다. 약 1,000명의 후보가 출마했으며, 이 중 다수는 처음으로 선거에 참여하는 젊은 후보들이었다. 총 452석이 걸려 있었고, 등록 유권자는 약 420만 명이었다. 과거에는 투표율이 낮았고, 유권자들의 투표 의지도 부족했다. 최대로 높아도 50%의 유권자만이 투표를 했으며, 많은 친정부 후보들은 경쟁자가 없어 자동 당선되곤 했다. 그러나 이번 선거에서는 투표율이 역대 최고치를 기록했다. 모든 의석에 최소 한 명 이상의 후보가 출마했으며, 많은 후보들은 지난 6개월간 홍콩을 변화시키기 위해 시위에 적극적으로 참여한 젊은이들이었다.

선거 당일, 신계 지역의 **금전(Kam Tin)**의 한 시골 마을 투표소를 찾았다. 평소라면 한산했을 이곳에, 300미터가 넘는 유권자 대기 줄이 늘어서 있었다. 이는 전례 없는 일이었다. 홍콩 전역의 투표소에서도 비슷한 광경이 펼

이번 선거에서 중국에 대한 반(反) ELLAB가 주요 주제가 됨

쳐졌으며, 어떤 투표소에서는 유권자들이 산비탈까지 줄을 서야 했다.

무엇이 이 변화를 이끌었을까?

중국 공산당에 납치된 코즈웨이 베이 보스

홍콩 시민들은 지난 6개월간의 고통을 통해 자신들이 진정으로 원하는 것이 무엇인지 깨달았다. 민주주의를 쟁취하고, 왕당파 및 친중 후보를 몰아내며, **2019년 7월 21일 '원랑(元朗) 테러'와 8월 31

일 '왕자오(太子)역 사건'**을 조사하는 것이 목표였다.

이번 선거에서 젊은 후보들이 주축이 되었다.

홍콩시민들이 투표를 위해 줄을 서다.

오후가 되자 점점 더 많은 유권자들이 투표소 밖에 줄을 서기 시작했다. 투표자 수는 이미 등록 유권자의 절반을 넘어섰으며, 지난 선거의 총 투표자 수를 초과했다. 오후 6시까지 이미 200만 명이 투표를 마쳤다. 오후 10시 30분, 투표소가 마감되기 전, 악명 높은 시의원 **주니어스 호(Junius Ho)**가 선거에서 패배했다는 소식이 전해졌다. 기쁨에 찬 일부 유권자들은 그의 패배를 축하하며 고급 샴페인을 터뜨리기도 했다.

주니어스 호의 경쟁자는 민주 진영의 젊은 후보 **캐리 로 춘유(Cary Lo Chun-Yu)**였다. 주니어스 호는 툰먼(Tuen Mun) 구의 락추이(Lok Tsui) 선거구에서 오랫동안 활동해 왔으며, 시의

모든이들이 주니어스 호의 패배를 축하하기 위해 샴페인을 터뜨리다.

원과 신계서부(New Territories West) 지역을 대표하는 입법회 의원을 역임한 인물이다. 이번 선거에서 민주 진영은 그를 꺾기 위해 캐리 로를 출마시켰다. 결국 주니어스 호가 패배하자, 신계서부 전역에서 환호성이 터져 나왔다.

주니어스 호는 2019년 **툰먼 공격 사건(Tuen Mun attack)**을 주도했으며, **홍콩 연락판공실(Hong Kong Liaison Office)**과 협력해 폭력배(삼합회)와 결탁한 인물이다. 그는 스스로 기독교인이라고 주장하지만, 그의 행동은 기독교의 가르침과 완전히 배치된다. 그의 행보는 교회와 성직자들의 반감을 불러일으켰고, 많은 시민들이 신과 기독교를 거부하게 만들었다.

캐리 로는 주니우스를 축출하겠다고 다짐

투표 마감 시간이 다가왔을 때도, 수많은 유권자들이 여전히 투표소 밖에 줄을 서서 한 표를 행사하기 위해 기다리고 있었다. 최종적으로 **294만 3,842명 (등록 유권자의 71.23%)**이 투표에 참여하며, 이는 2014년 6월 22일의 **시민 투표(pop vote)**를 뛰어넘는 역대 최다 투표율이었다. 이번 선거는 홍콩 역사상 가장 많은 유권자가 참여한 구의회 선거가 되었다.

투표후 개표하기

이날의 높은 투표율은 정부와 중국 공산당(CCP)에 보내는 강력한 메시지였다. 홍콩인들은 여전히 단결하고 있으며, 혼란스러운 6개월의 시위에도 서로를 배신하지 않는다는 것을 보여준 것이다. 선거 당일, 폭력적인 시위 이후 선거가 연기되거나 취소될 것을 우려하는 목소리가 많았으나, 예상과 달리 매우 평화롭고 질서 있는 하루로 마무리되었다. 일부 지역에서는 친중 진영과 주니어스 호 측 지지자들이 마찰을 일으키기도 했으나, 결국 큰 충돌 없이 선거가 원활히 진행되었다.

선거 개표와 조작 의혹

민주당 후보들이 그들의 당선을 축하함

투표가 끝난 후 개표 과정이 진행되었다. 이 과정에서 수상한 투표용지들이 발견되었다. 일부 투표소에서는 등록된 유권자 수를 초과하는 표가 나왔으며, 일부 투표 용지에서는 같은 이름과 주소가 반복적으로 등장하는 등 조작이 의심되는 정황이 포착되었다. 이는 친중 세력과 중국 공산당이 무제한적인 재정 및 물류적 지원을 활용해 부정 선거를 시도했음을 보여준다.

그러나 최종 선거 결과는 충격적이었다. 민주 진영이 압도적인 승리를 거두었다.

479석 중 388석을 민주 진영이 차지한 반면, 친중 세력은 단 59석만을 확보하는 데 그쳤다. 이는 친중 정당에게 역사상 최악

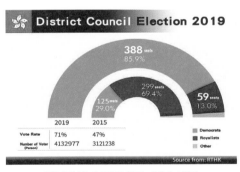

민주당이 압도적으로 이긴 결과

의 패배였다. 특히, **뉴 피플스 파티(New People's Party)**를 이끌던 **레지나 입(Regina Ip)**은 단 한 석도 확보하지 못하는 치욕을 겪었다. 또한, 가장 강력한 친중 정당이었던 **민건연합(DAB, Democratic Alliance for the Betterment and Progress of Hong Kong)**은 핵

심 인물 한 명만이 당선되었고, 홍콩 노동조합연맹(FTU, Federation of Trade Unions) 역시 단 5석만을 얻으며 대패했다.

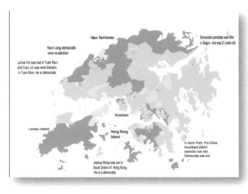

특히, 타이포(Tai Po)와 웡타이신(Wong Tai Sin) 지역에서는 모든 구의회 의석을 민주 진영이 차지했다. 과거 친중 세력의 근거지였던 틴수이와이(Tin Shui Wai)와 시우사이완(Siu Sai Wan)마저 민주 진영이 장악했다.

노란색과 파란색 지역 좌석의 최신 할당

또한, 신계(New Territories) 지역의 대표적인 원주민 마을인 **감틴(Kam Tin)**에서도 변화가 일어났다. 이 지역에서 오랫동안 당선되었던 원주민 정치인 **탕척인(Tang Cheuk-yin)**은 원주민들의 강력한 지지를 받고 있었으나, 이번 선거에서는 **비원주민 출신의 독립 후보 크리스 리 정지(Chris Li Chung-chi)**가 당선되며, 신계 지역에도 민주화의 바람이 불기 시작했다.

민주 진영의 역사적 승리와 향후 과제

민주 진영은 80% 이상의 의석을 확보한 역사적인 승리를 거두었고, 이는 홍콩 시민들의 강력한 메시지를 대변하는 것이었다. 지난 6개월 동안 계속된 반정부 시위를 통해, 홍콩인들은 캐리 람(Carrie Lam) 정부가 얼마나 폭압적인지를 깨닫게 되었다.

이 승리는 단순한 선거 결과가 아니라, 홍콩 시민들이 목숨을 걸고 싸운 투쟁의 결실이었다. 경찰의 폭력과 정부의 탄압이 이어졌음에도, 홍콩 인들은 굴복하지 않고 투표를 통해 민주주의를 향한 강력한 의지를 보여 주었다.

그러나 이번 승리는 끝이 아니라 시작이다.

Comparison of District Council Election Results 2019 and 2015

Update to 2019.11.25. 09:30	Election members*	Separate from 2015
Democratic parties	388	↑ 263
Unclear faction	5	↓ 2
Royalists parties	58	↓ 241
No Finishing Count	1	

"5대 요구(五大訴求)"는 여전히 충족되지 않았다.
경찰은 여전히 해체되지 않았으며, 폭력적인 진압이 지속되고 있다.

우리는 계속 싸워야 한다.

이 승리를 자만의 이유로 삼아서는 안 된다. 신임 구의원들은 민주화의 완성을 위해 더 큰 목표를 바라보아야 한다. 다음 전선은 입법회 (Legislative Council, LegCo) 선거다.

이제 우리의 목표는 입법회를 해방시키는 것이다.

투표를 통해 친중 세력을 몰아내고, 홍콩을 진정한 민주주의의 길로 이 끌어야 한다.

"하나의 투표, 하나의 혁명."

우리는 결코 포기하지 않을 것이다.

하나님, 우리에게 홍콩을 해방할 힘을 주소서.

27. 전쟁 중의 크리스마스

침사추이, 고요한 밤에 전쟁 선포 준비

매년 크리스마스는 12월 24일의 크리스마스 이브와 12월 25일의 크리스마스 밤을 포함합니다. 크리스마스 이브는 천사가 목자들에게 기쁜 소식을 전한 날로, 모든 사람에게 전해진 그 말씀이 육신이 되어 구유에 태어난 예수님을 기념하는 날입니다. 홍콩에서는 매년 크리스마스를 공휴일로 기념하며, 지난 몇십 년 동안 크리스마스는 축제의 시간으로, 사람들이 홍콩섬과 구룡의 번화가에서 장식된 크리스마스 조명 아래 모여들던 시기였습니다. 교회 신자들은 성탄절 노래를 부르고, 상점들은 쇼핑객들로 붐비며, MTR과 페리들은 야간 서비스를 제공하는 등의 광경은 홍콩 시민들에게 낯설지 않았습니다. 크리스마스는 홍콩에서 활기찬 축제의 시간이었으나, 1941년 크리스마스는 예외였습니다. 그 해 홍콩은 일본에 점령당한 전시 상황이었기 때문입니다. 그해 홍콩의 크리스마스는 기쁨이 없었고, 검은 크리스마스였다고 할 수 있습니다.

그리고 2019년, 홍콩은 또 한 번 검은 크리스마스를 경험했습니다. 78년 전의 그것처럼, 아무도 예상하지 못했던 일이었습니

시위대는 최루탄에도 불구하고 계속 싸우기 위해 뒤에 남아있다.

다. 올해도 우리는 전시 속의 크리스마스를 경험해야 했습니다. 하지만 1941년의 크리스마스와 2019년의 크리스마스의 차이점은 당시 홍콩은 일본에 점령당했고, 세계는 제2차 세계대전 중에 있었으며, 중국 또한 일본에 점령당한 상태였고, 나라 전체는 일본에 맞서 싸우고 있었습니다.

영국 식민지 정부는 일본의 군사력에 맞서지 못했고 결국 항복했습니다. 이렇게 홍콩은 3년 반 동안 일본에 점령당하게 되었습니다.

2019년 홍콩은 민주주의와 자유를 지키기 위한 싸움을 벌이고 있었습니다. 홍콩 시민들은 중국 공산당(CCP)의 폭압적인 통치와 마주하게 되었고, CCP는 홍콩 시민들에게 공산주의 사회주의를 강요하고 송환법으로 우리의 핵심 가치를 지우려 했습니다. 홍콩

최류가스로 인해 아무도 고요한밤거리를 나오지 못했다.

시민들은 이에 저항하며 전체주의 통치자들과 싸우기로 결심했습니다. 6월부터 시작된 이 싸움에서 홍콩 시민들은 한마음으로 일어나 공산주의와 사회주의의 폭압에 맞서 싸우며 보편적 평등 선거권을 위해 힘썼습니다. 홍콩의 핵심 가치를 보호하려는 의지는 홍콩 시민들의 진정한 정신이며, 또한 CCP와 세계에 대한 분명한 메시지였습니다. 홍콩은 경제를 위해 우리의 핵심 가치를 포기하지 않을 것입니다. 홍콩은 ATM 기계가 아니며, CCP에 의해 노예가 되지 않을 것입니다. 이 핵심 가치를 보호하기 위해 홍콩 시민들은 목숨을 걸고 싸울 준비가 되어 있습니다. CCP가 원한다면, 폭력적인 통치 방법을 사용하여 홍콩을 유지할 수 있지만, 우리는 당신들의 통치가 끝나기를 바랄 뿐입니다.

2019년 크리스마스 이브(광동어로는 평화로운 밤)에는 홍콩 시민들에게 평화 대신 폭력만이 주어졌습니다. 그 폭군은 홍콩 시민들이 크리스마스를 기념하는 것을 허락하지 않았습니다. 원래는 사람들이 여덟 개의 지정된 쇼핑몰에서 함께 쇼핑하고 크리스마스 활동을 할 수 있었지만, 몇몇 자칭 폭동 경찰들이 우리 중 일부를 둘러싸고 쫓아내며, 우리의 형제를 땅에 밀쳐 다치게 하고 무차별적으로 사람들을 체포했습니다. 폭동 경찰들은 공공장소에서 무방비한 젊은이들을 향해 총을 쏘고, 여러 발의 최루탄을 발사하며 우리를 거리로 내몰았습니다. 우리는 이에 맞서 싸울 수밖에 없었고, 화염병과 돌을 던지며 저항했습니다.

어떤 지역에서는 폭동 경찰들이 텅 빈 거리에서 최루탄을 발사하기도 했습니다. 그들은 관광객과 행인에게까지 총을 쏘며 미쳐버렸고, 아름다운 크리스마스 이브는 총성과 총알로 가득 차게 되었습니다.

몽콕 HSBC 은행은 크리스마스날 시위대에 의해 '장식'되었다

거의 모든 가로등이 꺼졌고, 캐롤을 부르던 사람들은 종소리 대신 총소리로 대체되었습니다. 거리에는 최루가스 냄새가 진동했고 많은 사람들이 다쳤습니다. 1941년 이후 가장 어두운 크리스마스였습니다.

크리스마스 이브에는 모든 교통수단이 오후 10시까지 중단되었고, 모든 상점은 오후 9시 전에 문을 닫았습니다. 남은 것은 어둠 속에서 기도하는 몇몇 사람들과 폭동 경찰 차량과 소방차의 끊임없는 사이렌 소리뿐이었습니다. 거리와 상점들은 불길로 밝히고 있었으며, 전쟁터와 다를 바 없었습니다. 크리스마스의 기미조차 없었습니다.

크리스마스 당일에는 낮에는 평화로웠지만, 그 평화는 밤에 긴장과 어둠으로 변했습니다. 크리스마스는 예수님의 탄생을 기념하는 기독교인들에게 중요한 날이어야 하고, 모든 사람이 기뻐해야 하는 날이지만, 홍콩의 폭군과 경찰 폭력은 그것을 재앙으로 바꾸었습니다. 하늘의 아버지는 이를 어떻게 보실까요?

크리스마스는 상업 활동이 가장 바쁜 시기이며, 관광객들 사이에서 가장 인기 있는 휴일이었습니다. 그러나 이번 크리스마스는 차가운 크리스마스였습니다. 총알이 날아다니는 곳에서는 아무도 쇼핑이나 관광을 하려고 하지

최류가스가 몰에 가득하니
누가 샤핑을 할것인가?

않았습니다. 경찰의 폭력 행위로 인해 홍콩 경제는 큰 타격을 입었습니다. 어제 몽콕의 한 약국 직원들은 검은 옷을 입은 시위대의 모임은 비즈니스에 영향을 미치지 않았다고 말했지만, 폭동 경찰들이 최루탄을 발사한 것은 다르다고 했습니다. 경찰의 폭력 행위로 인해 쇼핑몰은 긴장된 분위기에 휩싸였고, 많은 상점들이 일찍 문을 닫을 수밖에 없었습니다. 이번 크리스마스의 경제적 손실은 전적으로 경찰 폭력의 결과였으며, 폭압적인

홍콩 정부는 그에 대한 책임을 져야 합니다.

크리스마스는 홍콩 교회들에게 전통적인 축제입니다. 그러나 경찰이 크리스마스 당일에 한 행동은 종교적 박해의 일환이었습

니다. 우리는 국제 사회가 홍콩의 상황에 대해 관심을 가져주기를 바랍니다. 지금 CCP는 중국 내 교회를 심각하게 박해하고 있습니다. 시진핑은 교회를 박해하는 계획의 원흉이며, 홍콩 정부가 중국 중앙 정부의 지시를 받는 한, 홍콩도 종교 박해의 위험에 처해 있을 것입니다.

시진핑은 종교 박해로 전 세계적으로 악명이 높으며, 홍콩의 교회들이 같은 대우를 받는 것은 시간 문제일 뿐입니다. 홍콩의 교회들이 이를 깨닫고 준비하며 기도하기를 바랍니다. 홍콩은 CCP라는 악에 굴복해서는 안 됩니다.

2019년 12월 31일
마지막 인간사슬을 이루었다.

2019년 12월 31일 밤, 우리는 야우메이티의 만명길로 가서 마지막 인류 사슬에 참여했습니다. 여전히 많은 사람들이 함께 구호를 외치며, 몽콕과 프린스 에드워드와 같은 지역에서 저항하고 싸웠습니다. 폭동 경찰은 네이선로드와 샨탕스트리트에서 최루탄을 발사했습니다.

홍콩 기독교인들도 곧 박해를 받을 것이다.

2019년 8월 프린스 에드워드 역에서 일어난 사건의 네 번째 월 기념일이었기에 군중들이 모였고, 경찰은 그곳에 놓인 꽃들을 짓밟고 최루탄을 발사했습니다. 하지만 시위대는 두려움 없이 경찰과 대치하며 2019년 새해 전야를 보냈습니다. 하나님께 감사드리며 2019년을 잘 마무리할 수 있었습니다.

　그리고 이것은 너희에게 하나의 표징이 될 것이다. 너희는 아기를 찾아 그가 강보에 싸여 구유에 누워있는 것을 볼 것이다. (누가복음 2:12)

28. 앞길

2019년 11월 24일, 홍콩 시민들은 마침내 구의회 선거에서 승리를 거두었다. 민주 진영과 시위대는 전체 의석의 83%를 차지하며 대부분의 구의회를 장악했다. 우리는 훌륭한 싸움을 치렀다. 인권을 짓밟은 폭력배 쥬니어스 호

홍콩 민주주의법의 통과는 홍콩에 미래를 가져다줍니다.

(Junius Ho), 홍콩 내 중국 공산당(CCP)의 대변자인 **민주건항협진연맹(DAB)**과 홍콩노동조합연맹(FTU), 그리고 공산당 성향의 정치 세력과 전국정치협상회의(CPPCC) 위원들을 무너뜨렸다. 또한, 미국이 주도한 **홍콩 인권·민주주의 법안(HKHRDA)**이 통과되면서, 6개월간 싸워온 홍콩 시민들에게 또 하나의 큰 진전이 이루어졌다.

HKHRDA가 미국 의회를 통과하고 법으로 제정됨에 따라, 홍콩 정부 지도부, 행정회의 위원, 홍콩 경찰 고위직, 그리고 친중 진영 인사들은 미국 정부 및 국제 사회로부터 강력한 제재를 받게 될 것이었다. 이는 홍콩 정부의 인력 유출에 큰 영향을 미칠 것이며, 친중 진영과 행정회의 위원, 고위 공무원들 사이에서 갈등을 불러일으킬 것이다. 또한, 현재 공직에 있는 사람들뿐만 아니라 공직을 꿈꾸는 사람들까지 불안에 빠뜨릴 것이다.

이번 선거 결과를 보면, 범민주 진영과 지역주의 세력이 홍콩 내 여론의 주류가 되었음을 알 수 있다. 반(反) 송환법 개정 시위(Anti-ELAB 운동)로 인해 친중 진영을 지지하던 유권자들도 대거 시위대 편에 서게 되었다. 현재 홍콩 시민의 70%가 반(反) 송환법 운동을 지지하고 있으며, 친중 진영 및 반대파는 30%에 불과하다. 내년 입법회(LegCo) 선거에서도 범민주 진영과 지역주의 세력은 계속해서 지지를 받을 것이며, 특히 **2020년 보통선거(dual universal suffrage)**가 실현될 가능성이 있기 때문에 승리를 거둘 가능성이 크다. 만약 보통선거가 시행된다면, 범민주 진영이 가장 많은 표를 얻어 2016년과는 완전히 다른 정치 지형이 형성될 것이다.

하지만, 지금 상황이 긍정적이라고 해도 중국의 공격을 경계해야 한다. 구의회 선거 결과는 이미 결정되었지만, 입법회 선거는 여전히 불확실하다. **중국 공산당(CCP)**은 HKHRDA를 무시하고 외국의 홍콩 개입을 절대 용납하지 않을 것이며, **중련판공실(중국 중앙정부 연락판공실, Liaison Office)**을 통해 선거에 직접 개입할 가능성이 높다. 또한, 기본법 해석 권한을 이용해 선거를 조작하거나, 선거를 연기하는 등의 방법으로 방해할 가능성도 있다. 따라서 우리의 다음 주요 전선은 2020년 9월 입법회 선거를 반드시 실시하도록 보장하고, 구의회 선거에서와 같은 결과를 만들어내는 것이다. 그러나 이는 지나치게 낙관적인 전망일 수도 있다. 현실은 우리가 생각하는 것

중국 외교부의 반격은 효과가 없었다.

보다 더 어려울 것이다.

입법회를 장악하고, 친중 진영을 몰아내는 것—이것이 내가 입법회를 해방시키기 위해 설정한 가장 중요한 목표다. 입법회와 구의회를 장악하면, 홍콩을 해방시키고 행정장관 선거에서도 승리할 수 있다. 이것이 우리의 궁극적인 목표다. 이를 위해 우리는 지금부터 계획을 세우고, 직선제 선거와 기능 선거구 의석을 통해 대부분의 의석을 확보해야 한다.

현재 미·중 갈등은 냉전 상태일 수도 있고, 심지어 전면전으로 번질 가능성도 있다. 하지만 지금의 전쟁은 입법회 선거를 통해 홍콩이 자치권을 확보할 수 있도록, 미국과 영국의 협조를 받아 중국과 협상하는 방식이 될 수도 있다. 만약 중국이 경제적·정치적 압박을 견디지 못한다면, 홍콩의 자치를 허용하고 보통선거를 허락할 가능성도 있다. 홍콩 시민들이 중국 본토에서 혁명을 일으키는 마지막 불씨가 될 수도 있다.

홍콩은 중국과 미국 간의 갈등에 휘말렸다

어떤 상황이든, 홍콩의 투쟁은 계속될 것이며, 더욱 격화될 것이다. 반(反) 송환법 운동은 이미 중국 본토로 퍼지고 있다. 많은 홍콩 시민들이 본토 시민들에게 편지를 보내 운동의 본질을 설명하고 있으며, 본토에서 홍콩을 방문하는 사람들은 **홍콩 전역에 설치된 레논 벽(Lennon Wall)**을 직접 목격하고 있다. 홍콩의 시위대는 홍콩 시민들과 함께 운동의 메시지를 본토로 확산시키고 있으며, 본토 시민들이 CCP의 본질을 깨닫도록 유도하고 있다.

앞으로 다가올 해에 홍콩과 중국 내부에는 극적인 변화가 있을 것이며, 이번 운동 이후 홍콩이 전장이 될 가능성도 충분히 존재한다. 구호가 '홍콩, 나아가자!(Hong Kong, Go On!)'에서 '홍콩, 저항하

홍콩 전투 소식을 중국 본토로 전하게 하다

라!(Hong Kong, Resist!)'로 바뀐 것은 이 운동이 지속되고 더욱 격화될 것임을 보여준다. 중국공산당(CCP)과 홍콩 정부가 독재 통치를 멈추지 않는다면, 이 운동은 중국 본토로까지 직접 확산될 것이고, 이는 중국에도 영향을 미칠 것이다. CCP는 지금까지 민족주의 감정을 이용해 홍콩 시민과 시위대를 공격해 왔지만, 이제 그러한 전략이 더 이상 효과적이지 않을 수 있다. 사람들이 진실을 알게 된다면, 홍콩 시민과 함께 CCP의 폭정에 맞서 일어설 것이다. 내전이 일어날 수도 있으며, CCP는 곧 붕괴할 것이다. 그 후, 홍콩과 중국 본토에는 새로운 형태의 민주주의와 자유 정치가 등장할 것이다.

미국은 2020년 'PROTECT 홍콩법'을 통해 홍콩이 진정한 보통선거를 실현하도록 도울 수 있다. 만약 중국이 이를 반대하거나 방해한다면, 미국은 제재를 가하거나 이 법을 근거로 군사 개입까지 할 가능

홍콩을 보호해주길 미국에 요청한다.

성이 있다. 미국과 중국이 홍콩 문제로 전쟁을 벌일 것이라는 가설은 존재하지만, 충분히 현실화될 수도 있다. 미국은 CCP를 전 세계적인 위협으로 규정하고 이를 명분으로 삼을 수도 있다. 그러나 국제 정세를 종합적으로 고려해야 하며, 홍콩과 관련된 미국과 영국의 대응이 우리 도시의 미래를 결정할 중요한 요소가 된다. 홍콩의 운명은 그들의 손에 달려 있다. 하지만 홍콩의 시위대가 주도권을 잡고 싶다면, 중국 본토 시민들과 함께 싸워야 하며, 목표는 일당독재를 끝내고 민주적인 중국을 건설하는 것이 되어야 한다.

용감한 군대   일당 독재를 끝내고 민주적인 중국 건설

동시에, 홍콩은 스스로를 방어할 수 있는 자위대를 조직해야 한다. 이 자위대는 훗날 홍콩군으로 성장할 수도 있다. 용감한 사람들은 지금부터 훈련을 받아야 하며, 6개월 후면 CCP의 군대와 맞서 싸울 수 있는 군대로 발전할 수 있다. 홍콩을 보호하고 자치 지역을 수립한 후에는, 중국 본토 시민들에게 영향을 미쳐 혁명을 일으키고, 시대의 혁명을 시작하며, 홍콩과 중국을 해방하고, 일당독재를 끝내고, CCP의 통치를 종식시킬 것이다. 그 이후에는 중국과 홍콩 모두에서 진정한 민주주의와 자유로운 국가가 설립될 것이다.

중국 국민들은 오랜 시간 동안 억압에 맞서 싸우고 있다. 그들은 평화적이고 비폭력적인 저항을 통해 보통선거를 이루길 희망한다. 하지만 이 폭력적인 정권을 마주하고 있는 현실에서, 비폭력 저항만으로 CCP를 전복시키는 것은 불가능하다는 사실도 잘 알고 있다. 그래서 지금까지 침묵 속에서 기다려왔다. 중국 국민들은

중국 본토민들도 일당독재가 붕괴되길 바란다.

폭력을 폭력으로 대항하는 것을 두려워하며, 또 다른 독재 정권이 들어서는 것을 원치 않는다. 중국 국민들이 원하는 것은 진정한 민주주의, 자유, 그리고 법치이다. CCP는 과거에 민주주의와 과학을 앞세워 국민들을 속여왔지만, 중국 국민들은 CCP가 몰락한 후에는 반드시 진정한 민주주의와 법치를 확립해야 한다고 믿고 있다. 우리는 중국이 투명한 정권을 수립하고, 진정한 보통선거를 도입할 수 있도록 신념을 갖고 싸워야 한다. 중국의 지도자는 국민을 대표하는 방식으로 선출되어야 하며, 폭력으로 국가를 장악해서는 안 된다. 헌법은 국민의 의사를 반영해야 하며, 국가는 특정 정당, 개인, 또는 전국인민대표대회(NPC)의 대표들에게 귀속되는 것이 아니라, 국민에게 속해야 한다.

홍콩의 법률 국가보안법 제23조 금지

중국 국민들은 연방제 국가를 고려할 수도 있다. 미국처럼 헌법으로 국가를 통합하고, 군대는 국가에 소속되며, 각 지역이 자체적인 법률과 제도를 유지하는 것이다. 예를 들면,

홍콩특별행정구 정부와 마카오특별행정구 정부는 지방 정부가 될 수 있다. 따라서 국가적 차원의 혁명을 실행할 때는, 중국 국민들이 미래 국가의 모습에 대해 어떤 의견을 가지고 있는지 고려해야 한다. 현재 중국 국민들이 가장 원하는 것은 CCP를 전복시키는 것이다. 그들은 CCP의 70년 통치 아래에서 절망에 빠졌으며, CCP가 지구상에서 사라지는 날을 가장 간절히 바라고 있다.

홍콩 시민들의 투쟁은 국제 사회의 지지를 얻었으며, 미국과 유럽 및 아시아 국가들의 지원을 받고 있다. 우리가 단결하여 계속 나아가고 성공한다면, 홍콩은 CCP를 무너뜨린 혁명의 중심지가 될 것이다. 홍콩에서 시작된 혁명은 반드시 중국 전역으로 확산될 것이며, 모든 평화를 사랑하는 국가들이 홍콩 시민들에게 전폭적인 지지를 보낼 것이다. 홍콩 시민들의 핵심 가치는 중국에서도 뿌리를 내리고 꽃을 피울 것이다. 홍콩 시민들의 희생은 결코 헛되지 않을 것이며, 홍콩은 민주 중국의 기원이 될 것이다.

우리는 아직 한 번 더 싸워야 한다. 반(反)송환법 운동(Anti-ELAB Movement)은 더 이상 존재하지 않는다. 해당 법안은 철회되었지만, 우리는 이제 반중(反中) 운동을 하고 있다. '홍콩을 해방하라, 시대의 혁명(Liberate Hong Kong, Revolution of Our Times)'이라는 구호는 우리가 실제로 혁명의 일부분임을 보여준다. 하지만 CCP가 홍콩에서 국가보안법(Article 23)을 다시 추진할 것이라는 사실을 간과해서는 안 된다. 이 법안은 우리 앞에 놓여 있다. 중국 국무원 홍콩·마카오사무판공실은 내년에 반드시 국가보안법을 다시 추진할 것이다. 이 법안은 강력한 독재 법안이며, 송환법보다 훨씬 더 위험하다. CCP는 자신의 안전을 위해 이 법안을 반드시 추진할 것이다.

입법 절차는 2020년에 매우 빠르게 진행될 수 있다. CCP는 구의회 선거에서 교훈을 얻었기 때문에, 입법회(LegCo) 선거의 결과가 구의회 선거와 같지 않을 가능성이 높다. 따라서 CCP는 먼저 국가보안법을 통과시키려 할 것이며, 이 법안이 일단 베이징에서 통과되면, 홍콩의 반대에도 불구하고 즉시 시행될 것이다. 이는 홍콩의 민주 진영이 입법회에서 법안 통과를 저지할 수 없도록 만들 것이다. 이렇게 되면 입법회는 친공산당 세력에 의해 완전히 장악될 것이다.

다행히도, '홍콩 인권·민주주의법(HKHRDA)'이 통과되었으며, 국가보안법의 내용은 이 법안과 상충된다. HKHRDA는 2020년 홍콩에서 보통선거를 실현할 것을 명시하고 있다. 미국은 HKHRDA에 따라 국가보안법을 변경하도록 요구할 것이며, 이를 CCP가 거부한다면 미국은 추가적인 제재를 가할 것이다. CCP가 이러한 행동을 강행하면, 이는 '일국양제(一國兩制)'의 공식적인 종말을 선언하는 것이며, 미국과 영국 같은 국가들과 더욱 강경한 대립을 초래할 것이고, 홍콩의 자유는 끝이 날 것이다. 중국 또한 국제 사회에서 고립될 가능성이 크다.

208

29. 홍콩을 떠나라

이 전 장인 앞으로 나아갈 길에서 우리는 '시대 혁명, 중국 해방'을 언급했다. 그러나 혁명을 시작하려면 중국 내 사람들과 함께 반란을 일으켜 중국공산당(CCP) 정권을 전복하고 진정한 민주 중국을 수립하거나 중화민국의 통치를 회복해야 한다. 민주 중국을 재건하든 중화민국의 통치를 복원하든, 이러한 결정은 특정 정당이 아닌 14억 중국 국민 모두가 국민투표를 통해 결정해야 한다. 이것이 민주주의의 원칙이다.

하지만 한 발 물러서서 이번 혁명이 실패할 가능성을 고려하면, 홍콩인들은 더욱 심각한 위험에 처할 것이며, 범민주 진영과 홍콩의 젊은이들의 안전이 심각하게 위협받을 것이다. 그때가 되면 홍콩인의 절반가량이 도시를 떠나 국제 난민이 되어야 할 것이다. 영화 보트 피플에서 본 비극적인 장면이 홍콩에서 재연될 수도 있다.

홍콩 정부 관리 11명이 미국의 제재를 받았습니다.

현재 홍콩의 인구는 약 800만 명이며, 이 중 적어도 300만 명이 '반송법(반-범죄인 인도법안, Anti-ELAB) 운동'에 참여하여 혁명의 시발점이 되었다. 만약 이 운동이 실패한다면, 인구의 절반 이상이 중국공산당의 보복을 받을 것이며, '자살을 강요당하거나' 바다에서 익사할 수 있다. 중국은 이미 이 시대의 젊은이들을 포기했으며, 그들은 이 운동 속에서 희생될 것이다. 범민주 진영과 반송법 운동 지지자들까지 포함하면, 400만 명이 넘는 홍콩 시민들이 가장 심각한 위험에 처하게 될 것이다.

*홍콩인권민주주의법(HKHRDA)*는 홍콩 정부 관리와 CCP 관리들에게 제재를 가할 수 있을 뿐이며, 이는 충분하지 않다. CCP가 인민해방군(PLA) 부대를 투입하여 홍콩을 강압적으로 통제할 경우, 미국과 서방 국가들이 홍콩을 해방하기 위해 군대를 보낼 수 있을까? 홍콩인들은 그때 가장 큰 위험에 처할 것이다. 총이나 중화기가 없는 상황에서 우리가 PLA와 싸울 수 있을까? 홍콩인들은 살아남고, 재산과 가족을 보호해야 한다. 결국 유일한 선택지는 도망치는 것뿐이다. 하지만 어디로? 우리를 지지하고 목소리를 내준 국가들이 우리를 구할 수 있을까? 홍콩에 남아 있는 우리는 항상 이 도시를 즉시 떠날 방법을 고민하고 준비해야 한다.

홍콩은 국제적인 인재와 부의 중심지이다. 영국의 통치 아래에서 홍콩은 어촌에서 국제 금융 중심지로 성장했다. 홍콩은 CCP의 지원 없이도 번영해 왔다. 그러나 CCP는 계속해서 홍콩의 성공이 중국 본토의 지원 덕분이라고 주장하는데, 이는 완전한 헛소리다. CCP는 홍콩에 어떤 성공도 가져다줄 수 없는 존재다. 상하이와 선전을 보면, 이 도시들은 외형적인 하드웨어만 갖췄을 뿐, 내적으로는 텅 비어 있다.

홍콩인들은 영국의 지원, 특히 홍콩의 핵심 가치를 지켜준 것에 감사해야 한다. 홍콩의 성공은 홍콩인들의 노력과 혁신 덕분이며, 이를 통해 홍콩은 세계 3대 금융 중심지가 되었다. 만약 홍콩과 대만이 없었다면, 중국은 이미 붕괴했을 것이다.

CCP가 홍콩을 탄압하고 모든 홍콩인을 강제로 떠나게 한다면, 우리는 이 도시를 떠나야 한다. 홍콩인들이 단기간에 대만, 영국 및 기타 영연방 국가로 이주하는 전략이 필요하다. 또한, 새로운 홍콩을 건설할 토지를 구입하는 것도 고려할 수 있다. 우리는 홍콩의 인재, 자본, 기술을 모두 해외로 옮겨 텅 빈 도시로 만들어야 한다. 하지만 홍콩에 남을 사람들도 있을 것이다. 특히, 저소득층, 노인, 그리고 중국 본토에서 온 신규 이민자들은 남을 가능성이 크다. 반면, 중산층, 부유층, 교육받은 인재와 기술자들은 떠날 것이다. 떠나는 사람들은 자본도 함께 가지고 갈 것이다. 결국 홍콩은 중국 본토의 3류 도시로 전락할 것이다. CCP가 홍콩을 되찾더라도, 홍콩은 이미 텅 빈 껍데기가 될 것이다. 홍콩과 미국의 관계도 단절될 것이다. CCP는 홍콩에서 어떤 이익도 얻지 못할 것이며, 도시를 재건하는 데 최소 10~20년이 걸릴 것이다.

그렇다면 홍콩인들은 정말 도시를 떠날 수 있을까? 과거 두 차례의 이민 물결을 보면, 이는 충분히 가능하다. 1984년부터 1989년까지 100만 명이 홍콩을 떠나 유럽, 대만, 호주 및 동남아시아로 이주했다. 이번에도 많은 사람들이 이주를 고려하고 있으며, 특히 두 나라로 집중되고 있다. 또한, 유럽 국가들은 홍콩의 민주주의와 인권을 보호하는 법안을 제정하며 홍콩인들을 지지하고 있다. 이것은 지난 6개월 동안 홍콩인들이 싸워 얻어낸 결과다.

반송법 운동에 참여했던 일부 동지들은 다양한 작업 그룹을 구성했으며, 그중 하나가 영국해외시민(BNO) 여권 소지자의 권리를 위해 싸운 그룹이다. 이들의 노력도 운동의 일부이다. 또한, 입법회를 점거했던 일부 시위자들은 대만으로 도피했고, 많은 노력 끝에 정착했다. 타이완서점의 주인인 린룽치(林榮基)도 대만으로 이주한 인물 중 하나다.

대만에는 아직 난민법이 존재하지 않으며, 법안이 3차 심의를 통과하지 못했다. 그러나 홍콩인들은 난민이 아니다. 대만 정부는 이미 공포한 홍콩·마카오 관계조례에 따라 홍콩인들에게 지원을 제공할 수 있다.

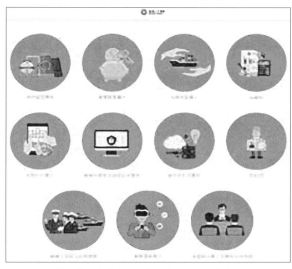

홍콩은 인재의 국제적인 중심지입니다.

최근 미국은 대만에 최대한 많은 홍콩인을 수용할 것을 요청했다. 홍콩인과 중화민국 국민은 같은 국적을 공유하기 때문에, 홍콩인이 CCP에 의해 정치적 탄압을 받을 경우, 대만이 100만 명의 홍콩인을 수용할 수 있어야 한다는 것이다. 또한, 홍콩의 인재뿐만 아니라 투자 인재와 자금도 대만에 유익하다. 7월 이후 700명의 홍콩인이 대만으로 이주했으며, 그들 중 다수가 신베이시(新北市)로 이주했다. 하지만 신베이시 외에도 대만은 마쭈 열도(馬祖列島)를 홍콩인들에게 개방하여 개발과 정착을 추진할 계획을 세우고 있다.

1997년 영국은 홍콩의 주권을 포기하고, 홍콩에서 태어나거나 귀화하여 영국 시민이 된 이들에게 BNO 여권을 발급했다. 이는 영국이 홍콩인을 배신한 후 발급한 여권이었다. BNO 여권 소지자는 영국 거주권이 없으며,

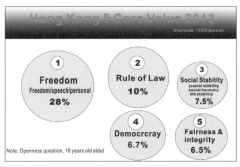

홍콩은 인재의 국제적인 중심지입니다.

단순한 여행 문서로만 사용할 수 있었다. 그럼에도 불구하고, 없는 것보다는 나았다. 약 340만 개의 BNO 여권이 홍콩 시민들에게 발급되었으며, 특히 중국 본토에서 홍콩으로 이주한 대부분의 사람들은 BNO를 받을 자격이 없었다.

양셴훙 씨, 대만 난민법을 위해 싸우다.

홍콩 반환 후, 많은 홍콩인들은 BNO를 중요하게 여기지 않았고, 주로 홍콩특별행정구 여권(HKSAR 여권)을 사용했다. 이에 따라 BNO 신청자 수는 10만 명 이하로 줄어들었다. 반환 이후 22년이 지난 현재, 유효한 BNO 여권을 소지한 사람은 약 25만 명으로 급감했다. 그러나 반송법 운동이 시작된 이후, BNO 신청자 수는 다시 증가하기 시작했다. 현재 약 200만 명이 BNO 갱신 자격을 갖춘 것으로 추정된다. BNO는 평생 유효한 여권이므로, 많은 기존 소지자들이 갱신할 수 있는 자격을 보유하고 있다.

BNO 소지자의 권리를 위한 투쟁은 오랫동안 지속되어 왔다. 우산혁명 이후, 많은 사람들이 BNO 소지자의 권리를 확대하기 위해 노력했으며, BNO 소지자가 영국 시민과 동일한 권리를 누릴 수 있도록 하는 것을 목표로 삼았다. 당시 영국은 EU 회원국이었기 때문에, BNO 소지자의 권리를 위해 싸운다는 것은 곧 EU 여권을 얻을 수 있는 자격을 위해 싸우는 것이기도 했다.

일부 홍콩인들은 BNO를 통해 EU 여권을 신청하는 데 성공하여 EU 국가로 이주했다. 하지만 BNO 소지자의 권리를 위한 투쟁은 여전히 계

속되고 있다. 반송법 운동 이
후, 영국뿐만 아니라 홍콩 내
에서도 많은 동지들이 BNO
소지자의 권리 확대를 위해 끊
임없이 노력하고 있다.

영국의 BNO 여권

홍콩인들은 BNO 문제와
관련해 영국에 큰 실망감을 느껴왔으며, 영국이 BNO 소지자들에게 더
많은 권리를 부여할 것이라고 기대하지 않았다. 영국이 브렉시트를 겪으
며 자체적으로도 매우 어려운 시기를 보내고 있었기 때문에, BNO 소지
자들에게 추가적인 권리를 부여하는 것이 영국에게는 더 큰 부담이 될
것이라고 생각했다. 또한, 중국과 영국 간의 무역과 경제 관계에도 영향을
미칠 것이므로, 대부분의 사람들은 이를 불가능한 일로 여겼고, 관심도
크지 않았다.

홍콩 워치의 BNO 평등권을 위한 투쟁

그러나 모든 상황을
떠나, LIHKG의 동지들
은 이에 굴하지 않고 끝
까지 싸웠다. 반송법 운
동은 영국인들의 인식을
변화시켰고, 그들은 홍
콩인들이 권리를 위해
싸우는 모습을 인정하기
시작했다. 영국의 단체인 Hong Kong Watch에 따르면, 홍콩인들이 더
욱 강력하게 요구한다면, 가능성이 생길 수도 있다고 전했다.

11월, 크리스 패튼(Criss Patten)경이 홍콩인을 위해 싸우는 가운데,

영국 상원(House of Lords)은 영연방(Commonwealth) 국가들이 홍콩 인들에게 제2의 시민권을 부여할 것을 촉구하는 결의안을 통과시켰다.

영국 정부의 외무·영연방·개발청(Foreign, Commonwealth and Development Office, FCDO)은 중국 정부에 대해 중영 공동선언 (Sino-British Joint Declaration)을 준수해야 한다고 경고한 바 있다.

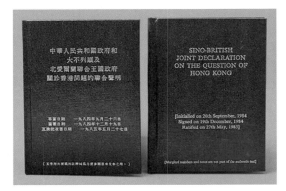

당시 미국 대통령 도널드 트럼프(Donald Trump) 또한 중국이 중영 공동선 언을 역사적인 문서에 불 과하다고 주장한 것에 맞 서, 이를 준수해야 한다고 경고했다.

중영 공동 선언

영국 상·하원(House of Lords & House of Commons) 의원들의 노 력과 로비 활동 덕분에, 하원에서는 BNO 소지자들에게 더 많은 권리를 부여하는 문제를 논의하고, 법안을 통과시킬 가능성이 높아졌다. 또한, Hong Kong Watch 단체, 영국 내 홍콩인 동지들의 노력, 그리고 주홍콩 영국 총영사관(British Consulate-General Hong Kong) 직원이었던 정관지(Simon Cheng Man-Kit)의 하원 증언 덕분에, 하원은 British Nationality Act 1981(영국 국적법 1981)에 근거한 법안을 통과시킬 것 이다. 이 법은 1983년 이전 홍콩에서 태어난 사람들에게 영국 및 식민지 시민권(Citizens of the UK & Colonies Passport, CUKC)을 부여하 고, 영국 시민권을 신청할 수 있도록 규정하고 있다. 따라서 1983년 이전 출생한 홍콩인은 *무기한 체류 허가(Indefinite Leave to Remain, ILR)*를 신청하고, 영국 시민권을 취득하여 다른 영국 국민과 동일한 지위를 얻을 수 있다.

그러나 1983년 이후 출생한 홍콩인들과 200만 명에 달하는 모든 BNO 소지자들에게도 동등한 권리를 보장해야 하며, 그들이 위험에 처했을 때 영국으로 갈 수 있도록 싸워야 한다. 또한, 일부 홍콩인은 캐나다나 호주로 이주할 수도 있다.

유럽 국가들, 예를 들어 독일, 네덜란드, 이탈리아, 스페인뿐만 아니라, 일본, 한국, 싱가포르 같은 아시아 국가들, 그리고 북유럽과 동유럽 국가들 또한 홍콩인을 수용할 수 있다. 만약 영국, 브라질, 뉴질랜드 같은 국가들이 각각 100만 명의 홍콩인을 받아들일 수 있다면, 홍콩을 비우는 전략은 성공할 것이다. 그러면 중국 공산당(CCP)은 결국 텅 빈 홍콩만을 되찾게 될 것이다.

가능하다면, 홍콩인들은 자금을 모아 다른 나라에서 토지나 섬을 구매하고, 홍콩인이 영구적으로 거주할 수 있는 새로운 홍콩을 건설할 수도 있다. 이 꿈의 땅은 홍콩인의 요구를 더욱 잘 충족시킬 수 있을 것이다.

홍콩의 BNO 평등권을 위해 싸우는
크리스 패튼 전 주지사

홍콩을 떠나는 것은 홍콩인들에게 최후의 선택이다. 우리는 떠나기를 원해서가 아니라, 떠날 수밖에 없는 상황에 처했기 때문이다. CCP라는 외세가 홍콩과 중국, 즉 우리가 태어나고 자란 고향을 점령했다. 우리의 가장 큰 염원은 혁명을 일으켜 CCP를 몰아내고, 연방 정부 체제의 민주 중국을 수립하는 것이다. 그래야만 홍콩과 중국이 진정한 보통선거를 실현할 수 있으며, 우리가 태어나고 자란 곳에 머무를 수 있다. 이 방법만이 홍콩을 우리가 꿈꾸는 낙원으로 만들 수 있다.

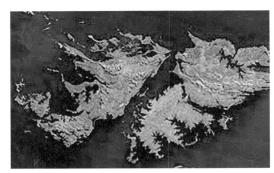

마지막으로, 우리의 바람은 CCP가 우리의 땅에서 완전히 사라지는 것이다.

새로운 홍콩을 건설하기 위해 토지나 섬을 구입하려면

"하나님은 우리의 피난처시요 힘이시니 환난 중에 만날 큰 도움이시라."

(시편 46:1)

30. 결론

반(反) 송환법 운동(Anti-ELAB Movement)이 시작된 지 벌써 6개월이 지났다. 하지만 올 2월 범죄인 인도 조례(Fugitive Offenders Ordinance)가 심사되기 시작한 지는 8개월이 다 되어 간다. 이번 운동은 우리에게 투쟁과 저항으로 가득한 여름을 선사했다. 그리고 이 운동은 멈출 기미도, 잦아들 기미도 보이지 않으며, 오히려 점점 격화되고 있다. 이것이 바로 독재가 불러온 싸움이다.

구의회(District Council) 선거 전후로 잠시 소강 상태가 이어졌고, 이로 인해 정부와 일부 사람들은 구의회 선거에서 승리했으니 운동이 끝났다고 믿었다. 그러나 다섯 가지 요구와 경찰 폭력에 대한 책임 추궁은 아직 이루어지지 않았다. 이 운동은 끝이 보이지 않으며, 계속될 것이다.

홍콩인은 단 하나가 아닌, 두 개의 독재 정권과 맞서 싸우고 있다. 그중 하나는 세계에서 가장 강력한 독재 정권인 중국 공산당(CCP)이다. 이런 독재에 맞서 홍콩의 운동은 계속되어야 한다. 만약 멈춘다면, 홍콩인은 언제든지 사라질 수 있기 때문이다. 홍콩인은 어쩔 수 없이 싸움에 나섰으며, 승리하는 날까지 싸울 것이다. 이번 시대의 혁명은 홍콩을 해방시키는 것뿐만 아니라, 중국 또한 해방시켜야 한다.

지난 6개월 동안, 반송환법 운동은 대부분의 시민을 깨우쳤다. 그중에는 과거에는 입장을 바꾸지 않았던 많은 사람도 포함된다. 친중 진영에 있었던 사람들 중 일부는 이제 투쟁의 편에 서게 되었다. 특히 7.21 위안랑(元朗) 테러 공격과 8.31 프린스에드워드(太子)역 사건 이후 이러한 변화가 두드러졌다. 경찰이 무차별적으로 최루탄을 쏘는 행위는 시민을 경찰과 홍콩 경찰대(HKPF)에 등을 돌리게 만들었으며, CCP의 탄압이 점점 심해지고 있음을 보여주었다. 경찰은 심지어 시민과 아이들을 잔인하게 죽이기까지 하면서, 많은 사람에게 CCP의 계략을 명확히 보여주었다.

2019년 6월 16일, 200만 명이 거리로 나섰고, 이후 약 500만 명의 시민, 즉 전체 인구의 3분의 2가 경찰 폭력을 경험했다. 이번 운동에서 왕타이신(黃大仙), 삼수이포(深水埗), 서완(西環), 위안랑(元朗), 취안완(荃灣), 사틴(沙田), 마안산(馬鞍山), 홍홈(紅磡), 황포(黃埔) 등 여러 지역에서 경찰 폭력이 발생했다. 동시에 우리는 홍콩 경찰이 중국 인민해방군(PLA)과 중국 무장경찰(PAP)의 침투를 받았다고 믿고 있다.

지난 6개월간 시민들은 공포와 슬픔 속에서 살아왔다. 경찰은 시위대를 무차별적으로 체포했을 뿐만 아니라, 관련 없는 시민들까지 체포했다. 경찰은 시위대에 대한 법 집행을 넘어 가족 단위로 외출한 시민들까지 체포하는 황당한 행위를 저질렀다. 하지만 홍콩인은 지난 6개월 동안 중요한 경험을 했다.

그리고 우리는 외롭지 않았다. 서방 국가들이 우리를 지지해 주었으며, 이는 우리에게 큰 영광이었다. 노르웨이 국회의원은 홍콩인을 2020년 노벨 평화상 후보로 추천했다. 또한, 미국이 홍콩 인권·민주주의 법 (HKHRDA)을 통과시킨 것은 홍콩인들에게 큰 격려가 되었다. 유럽 국가, 일본, 한국, 영국, 호주 등 다른 나라들도 이에 동조하며 홍콩인을 보호하는 법안을 지지했다.

범민주 진영은 구의회 선거에서 과반 의석을 차지하며, 친중 진영과 왕당파를 몰아냈다. 이것이야말로 지난 6개월 동안 홍콩인이 보여준 용기와 저항이 가져온 결과이자 인정이다. 홍콩인의 투쟁을 전 세계가 목격했으며, 'Glory to Hong Kong'이라는 노래가 세계적으로 알려지면서 홍콩이 지구상에서 가장 사악한 정권 중 하나와 싸우고 있음을 보여주었다. 2,500명 이상이 희생되어 순교자가 되었지만, 이 전쟁은 끝나지 않았다. 홍콩인은 계속 나아가고 싸워야 한다.

나는 지금까지 40번 가까운 시위, 집회, 행진에 참여했다. 그러나 내가 목격한 것은 중국 중앙정부, 중련판(中聯辦, Liaison Office of the CCP), 홍콩특별행정구 정부, 홍콩 경찰의 거짓말뿐이었다. 수많은 시민이 목숨을 잃었지만, 정부는 경찰이 한 명도 죽이지 않았다고 주장하며, 모두 자살했다고 말했다. 하지만 발견된 시신들은 이미 오랜 시간이 지난 상태였으며, 어떤 이들은 나체 상태이거나 손이 등 뒤로 묶인 채 발견되었다. 이는 명백한 '자살 당한' 것이었으며, 정부와 경찰이 공모하여 살해 후 시신을 유기한 것이었다. 이는 그야말로 끔찍한 일이다.

자살한 사람의 떠다니는 시신이 경찰에 의해 살해되었을 수 있다.

이런 일은 CCP의 철저한 통제 속에서 잔혹성이 만연한 중국 본토에서는 그리 이상한 일이 아닐 수도 있다. 그렇기에 우리가 이 독재 정권에 맞서 싸우는 한, 우리의 이름이 '자살당할' 명단에 오르지 않을 것이라는 보장도, 어느 날 갑자기 사라지지 않을 것이라는 보장도 없다.

이 운동 동안 영원히 사라져버린 시위대의 숫자를 한번 생각해 보십시오. 그들의 가족들이 겪었을 상실과 고통은 어떻습니까? 그들이 경찰이 내놓은 주장에 강제로 동의해야 했을 가능성은 없을까요? 그럴 경우, 이는 가족들의 고통을 더욱 가중시킬 뿐이며, 그들은 이를 공적으로 인정할 수도 없고, 오직 사적으로 감내해야만 했을 것입니다. 또는 그들마저도 살해당하고 철저히 지워질 수도 있습니다. 이것이 바로 CCP(중국 공산당)의 살해 방식이며, 이는 홍콩인들에게 더 큰 상처를 줄 뿐입니다.

아직까지도 '5대 요구'는 충족되지 않았고, 홍콩 경찰(HKPF)은 해체되지 않았습니다. 설령 캐리 람이 내년 3월 이전에 사임하더라도, 홍콩인들은 계속 싸워 나갈 것입니다. 그리고 이 투쟁은 점점 더 격화될 것입니다.

결국 목표가 '시대 혁명, 중국 해방'으로 변화할 수도 있습니다. 홍콩인들이 거리로 나선 것은 우연이 아닙니다. 이번 운동은 CCP가 홍콩에서 벌인 문화대혁명과 같은 공격에 대한 반응입니다. 시진핑이 집권한 이후, 중국

의 정치와 경제는 계속 후퇴하고 있습니다. 2012년부터 2019년까지 7년 동안 CCP는 중국 본토에서 정치적 후퇴를 이끌었습니다. 여기에 최근 2년간의 당내 파벌 싸움과 미·중 무역전쟁이 더해지면서, 올해 3분기 CCP의 경제 상황은 최악으로 치달았습니다. 홍콩에서 일어난 반(反)송환법 운동은 CCP 내 파벌 싸움에서 이용될 수 있으며, 이러한 권력 투쟁이 CCP와 중국을 몰락으로 이끌 것입니다. 현재 CCP가 2020년 중반까지 버틸 수 있을지조차 매우 불확실합니다. CCP가 갑작스럽게 붕괴할 가능성도 충분히 존재합니다.

아무도 CCP가 무너질 것이라고 믿지 않습니다. CCP는 겉으로만 안정된 것처럼 보이며, 이를 통해 거짓된 인상을 만들어내고 있기 때문입니다. 하지만 실제로는 CCP의 붕괴를 암시하는 많은 신호들이 존재합니다. 단지, 사람들이 이를 주목하지 않거나, 너무 강력해 보이는 국가가 갑자기 무너질 것이라고는 상상하지 못할 뿐입니다. 마치 어떤 건물이 갑자기 붕괴하는 것과 같습니다.

우리는 반(反)송환법 운동이 계속될 것이라고 믿습니다. 시위대는 아직 목표를 이루지 못했으며, 반드시 저항의 전쟁을 이어갈 것입니다. 우리는

結束一党专政

일당독재를 종식하라

캐리 람과 그녀의 정부 팀이 이번 운동의 주범이라고 생각합니다. 그리고 캐리 람은 베이징의 중국 중앙 정부에 보고하는 위치에 있으며, 그 중앙정부는 시진핑이 통제하고 있습니다. 따라서 우리는 반공(反共) 입장을 견지하며, 중국 중앙정부와 싸워 중국을 해방시키고자 합니다.

진탕카이(Chan Tong-kai)는 현재 감옥에서 출소한 상태입니다. 그는 Time 매거진 표지에 등장하기도 했으며, 이번 운동의 촉매제가 되었습니다. 그는 대만에서 여자친구를 살해하고 홍콩으로 도망쳤습니다. 대만 정부는 그를 기소하려 하고 있으며, 홍콩 정부에 그의 인도를 요청했습니다. 피해자 푼효윙(Poon Hiu-wing)의 어머니 역시 캐리 람에게 도움을 요청했습니다. 이에 따라 캐리 람은 '도주범 조례' 문제를 다루기 시작했으며, 기존의 조례에 문제가 있음을 발견하고 베이징 중앙정부에 자문을 구했습니다. CCP는 중국 본토의 상인들이 홍콩으로 도망치는 문제를 해결할 방법을 찾고자 했고, 이에 따라 도주범 조례를 요구하게 되었습니다. 그러나 이 조치는 홍콩인들에게 두려움을 불러일으켰습니다. 홍콩인들은 대만의 법을 걱정하는 것이 아니라, 법이 없는 CCP가 이 조례를 이용해 홍콩에서 어떤 일을 벌일 수 있을지 두려워했습니다. 이것이 바로 오늘날 우리가 처한 위기의 출발점입니다.

입법회(LegCo)는 오늘 공식적으로 2019년 도주범 및 형사사법 공조 개정 법안의 철회를 발표했습니다. 반송환법 운동은 목표를 달성한 것처럼 보입니다. 그러나 6개월 이상 지속된 이 운동은 이제 '시대혁명'으로 변화했습니다. 경찰 폭력 문제는 어떻게 할 것입니까? 희생된 시위대는 어떻게 할 것입니까? 중국 인민해방군(PLA)이 경찰로 위장해 CCP의 명령으로 폭력을 행사한 것은 어떻게 할 것입니까? 이런 만행을 보고서도 운동을 단순히 끝낼 수는 없습니다.

홍콩 시민들은 **'5대 요구, 하나도 빠짐없이'**를 외쳐왔습니다. 이 요구는 다음과 같습니다.
- 경찰의 폭력 행위에 대한 독립적인 조사위원회 설립
- 체포된 시위자들의 사면
- 시위대를 '폭도'로 규정한 것 철회
- 진정한 보통선거 시행
- 홍콩 경찰대(HKPF) 해체

홍콩 특별행정구 정부(HKSAR)는 이 요구를 받아들여야만 운동이 잠잠해질 것입니다.

홍콩에서 벌어진 운동은 전 세계 여러 도시에서 유사하게 펼쳐지고 있습니다. 언젠가는 중국 본토에서도 홍콩식 시위와 집회가 일어나게 될 것입니다. CCP가 이를 막을 수 있을까요? 반송환법 운동이 더 발전하면, 이는 중국 본토 주민들을 봉기로 이끌 수 있습니다.

최근 베이징의 중산층 시민들은 **'CCP를 몰아내고, 새로운 중국을 건설하자!'**라는 구호를 외치며 시위를 벌였습니다. **'시대혁명, 중국을 해방하라!'**는 이제 단순한 구호에 그치지

중화민국은 새로운 중국을 건국키 위해

않을 수도 있습니다. 홍콩과 중국의 시민들은 단순히 계속 나아가는 것뿐만 아니라, 적극적으로 저항해야 합니다. 폭력적인 중국 정권은 이미 전 세계의 공공의 적이 되었으며, 이에 맞선 저항의 불길은 홍콩에서 시작해 중국 전역으로 확산될 것입니다.

홍콩의 교회들은 이 운동에 적극적으로 참여하고 있습니다. 기도뿐만 아니라, 교회 내에서 메시지를 전파하고, 시위에 참가하며, 충돌이 발생한 현장에서 보호자 역할도 수행했습니다. 한편, CCP는 기독교를 심각하게 탄압하고 있으며, 하나님을 모독하고, 성령을 모독하며, 목회자를 체포하고, 교회를 철거하며, 기독교인들의 예배를 금지하고 있습니다.

전 세계 기독교인들은 이 문제를 깊이 우려하고 있으며, 이것이 CCP에 맞서 싸우려는 또 하나의 이유가 되고 있습니다. 기독교인뿐만 아니라, 전 세계의 무슬림들 또한 CCP에 맞서 싸우기 시작했습니다. 신장 위구르에서 벌어진 사건들, 그리고 홍콩 경찰이 구룡 모스크(Kowloon Masjid & Islamic Centre)에 물대포를 쏜 사건 이후, 무슬림들도 반(反)CCP 투쟁에 나섰습니다.

홍콩의 교회들은 이 시대혁명을 끝까지 지지할 것입니다. 홍콩과 중국에 민주주의, 자유, 법치가 실현될 때까지, 중국 내 교회가 자유로워질 때까지 이 싸움을 멈추지 않을 것입니다.

이 홍콩에서의 운동은 반(反)공산주의 내전으로 발전할 가능성이 충분히 있습니다. 중국과 홍콩의 저항은 독재 정권에 맞서는 혁명으로 발전할 것이며, 결국 진정한 민주주의 국가로서의 중국을 세우게 될 것입니다.

홍콩과 중국의 모든 국민이 뜻을 함께한다면, **중화민국(Republic of China, 대만)**이 중국 본토로 돌아갈 수도 있습니다. **삼민주의(三民主義,

Three Principles of the People)**를 바탕으로 한 체제로 말입니다.

중화민국은 108년 동안 존속해왔으며, 대만에서 오랫동안 민주주의, 자유, 법치를 실현해 왔습니다. 또한 항일전쟁(중일전쟁)에서 승리를 이끈 역사도 있습니다. 그러므로 중화민국이 중국을 다시 이끌어야 한다는 주장도 설득력을 가질 수 있습니다.

노르웨이 국회의원 **구리 멜비(Guri Melby)**는 홍콩 시민들을 2020년 노벨 평화상 후보로 공식 추천했습니다. 그녀는 홍콩 시민들이 언론의 자유, 민주주의, 법치, 기본적인 인권을 위해 싸우고 있으며, 그들의 행동이 홍콩뿐만 아니라 전 세계에도 영향을 미쳤다고 평가했습니다.

그녀는 학생, 교사, 정치인, 그리고 일반 시민들까지 홍콩의 모든 사람들이 자신의 목숨을 걸고 자유와 민주주의를 지키기 위해 싸우고 있다고 강조했습니다. 따라서 국제 사회가 홍콩 시민들의 투쟁을 인정하고, 그들이 지키려는 가치들을 적극적으로 지원해야 한다고 주장했습니다.

또한, 이 노벨 평화상 후보 지명이 홍콩의 시위대에게 용기와 희망을 줄 수 있기를 바란다고 밝혔습니다.

나는 이 운동이 어떻게 끝나든 간에, 지난 6개월 동안의 성과와 손실을 돌아보고 평가해야 한다고 생각합니다.

지도부가 없는 운동의 장점은, 정권이 특정 지도자나 조직을 타깃으로 공격하지 못한다는 것입니다. 그러나 동시에, 지도부 부재로 인해 다음과 같은 한계도 분명히 존재합니다.

조직화, 동원, 배치의 어려움
즉각적인 지원 및 대응이 힘듦

통합된 지휘 체계가 없어서 혼란이 발생
전략적인 배치와 운영이 어려움

이로 인해, 많은 동지들이 체포되었을 때 즉각적으로 인력을 배치하고 지원할 능력이 부족했습니다.

나는 운동 초기에는 지도부 없이 운영되는 것이 전략적으로 더 효과적이라고 생각합니다. 하지만 앞으로는 일정 수준의 구조와 지도 체계가 필요합니다.

이를 위해, 다양한 조직이나 연합체를 설립할 수 있습니다.

배치 담당 조직: 인력과 자원을 효과적으로 배분

조직 및 동원 담당 조직: 시위 및 집회를 체계적으로 운영

정보 담당 조직: 중요 정보 수집 및 분석

보급 담당 조직: 장비와 물자를 조달 및 공급

나는 홍콩 시민들이 계속 단결을 유지하길 바랍니다.

실망하거나 두려워하지 않기를 바랍니다.

낙심하거나 내부에서 분열하지 않기를 바랍니다.

배신자가 나오지 않기를 바랍니다.

우리는 한마음 한뜻으로 이 싸움을 끝까지 함께해야 합니다.

홍콩 시민들에게는 희망이 있습니다.

나는 지도부가 있는 방식과 없는 방식 두 가지를 상황에 따라 유연하게 병행할 것을 제안합니다.

마지막으로, 이 책을 성경 말씀으로 마무리하고자 합니다.

"뒤에 있는 것은 잊어버리고, 앞에 있는 것을 향하여 나아가, 그리스도 예수 안에서 하나님이 위에서 부르신 부름의 상을 위하여 달려가노라."

(빌립보서 3:13-14)

이 책의 집필은 2020년 1월 5일에 마무리되었습니다.

상호 약속은 궁극적으로 진실을 밝히기 위함이다.
상호 인정을 제외한 그 어떤 주장도 받아들일 수 없다.
하지만 사람은 결국 믿음을 가져야 한다.

부 록

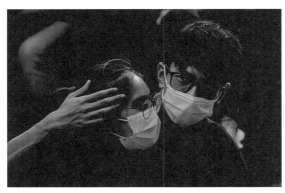

나는 가장 깊고 소중한 것이 사
랑이라고 느낀다.
왜냐하면 낯선 이웃이나 헬리가
종종 내게 묻기 때문이다.
'뭐 좀 먹었어?'
'얼어붙은 후에 셔츠를 입어야
하나?'
'이틀 동안 어디 가는 거야?'

헬렌 목, 2019년 11월 15일

내가 알던 홍콩 사람들은 무관심했지만,
이제는 매우 열정적으로 서로를 돌보고 있습니다.
누군가 당신에게 응원을 요청합니다.
이것이 인간 본성의 영광스러운 면입니다.
최악의 시기가 최고의 시기이며,
시위와 같은 인간성의 영광스러운 모습을
보게 될 것입니다.
시위대는 줄을 사용하여 내려왔고,
오토바이 운전자들을 따라가 그들을 태웠습니다.

Peter Lau, 2019년 11월 20일

이전에는 사람들을 사랑하는 방법을 몰랐지만, 지금은 제 옆에 있는 사람들을 소중히 여기게 되었습니다. 왜냐하면 이 학생 기자가 그녀가 죽는 것을 보았기 때문입니다.

Batty Ng. 10월 1일, 2019년

2019년 8월 31일에 사람들이 희생된 이후, 홍콩 시민들은 대량 학살의 표적이 되었습니다. 자살 사건과 물에 떠오른 시신들이 계속해서 발견되었으며, 홍콩을 중국 본토와 유사하게 만들려는 의도적인 시도가 이루어지고 있습니다.

이 전체주의 체제는 70년 만에 본격적으로 모습을 드러냈고, 이에 맞서 싸우기로 한 홍콩 시민들의 결심을 더욱 굳건하게 만들었습니다. 또한, 홍콩 시민들은 전 세계 여러 나라들이 전체주의 국가에 맞서 싸우는 방식과 필요성을 깨닫게 되었습니다.

증가하는 측면에서 압력에 대한 저항이 증가하고 있으며, 많은 비극적인 장면과 폭동 범죄를 보는 것에 대해 슬퍼하고 있습니다.

《폭정에 맞서 싸우며》 출판과 국가보안법에 대한 우려

《폭정에 맞서 싸우며》는 2020년 1월 15일에 원래 중국어판으로 출판되었습니다. 저자는 **필명 "아그니(Agni)"**를 사용하는 필립 우(Rev. Philip Woo) 목사이며, 그는 2021년 3월 홍콩을 떠나 영국으로 망명하였습니다.

이 책은 총 **30장(결론 포함)**으로 구성되어 있으며, 저자는 당시의 상황을 바탕으로 홍콩의 전망과 미래에 대한 자신의 견해를 담았습니다.

제28장 「앞으로의 길」(The Path Ahead, p.171)에서는 홍콩에서 국가보안법(NSL)이 시행될 가능성을 언급하였으며, 만약 이 법이 실제로 시행된다면 이는 매우 위험한 법이 될 것이라고 경고했습니다. 이것이 저의 가장 큰 우려입니다.

홍콩 국가보안법 시행에 대한 우려

저는 2019년 반(反)송환법 운동에 참여했던 시위대 중 한 명으로서, 홍콩에 국가보안법이 시행되지 않기를 강력히 바랍니다.

국가보안(NSL)은 홍콩 내부 문제에 대한 중국 정부의 개입이며, 이는 홍콩의 핵심 가치 체계를 붕괴시키고, "일국양제(一國兩制)" 원칙을 전복하며, **중·영 공동선언(Sino-British Joint Declaration)**을 파기하는 행위입니다.

국가보안법이 시행되면, 홍콩의 정치·경제적 지위는 급격히 변화할 것입니다.

현재 홍콩은 세계 3대 금융도시 중 하나이지만, 이 법이 시행된다면 홍콩은 글로벌 금융도시로서의 위상을 잃을 수 있습니다.

홍콩의 성공은 민주주의, 자유, 독립적인 사법 시스템이라는 핵심 가치에 기반을 두고 있습니다. 그러나 국가보안법이 시행되면, 홍콩은 독재 체제하의 도시로 변할 것이며, 우리가 소중히 여기는 민주주의, 자유, 독립적인 사법 체제는 사라질 것입니다.

영문판 번역과 추가 서술

제가 중국어판 **《폭정에 맞서 싸우며》**를 집필할 당시, 홍콩에는 아직 국가보안법(NSL)이 시행되지 않았기 때문에, 책에서 이 법에 대한 내용을 다루지 않았습니다.

그러나 영국에 도착한 후 이 책을 영어로 번역하기로 결정하였고, 역팀 동지들을 만나 영문판 번역 작업을 진행하게 되었습니다.

이 책은 2021년 말 출판될 예정입니다.

영문판을 집필하는 동안, 국가보안법이 이미 시행된 지 1년이 넘은 상황이었기에, 저는 이 법이 홍콩에 미친 영향과 변화된 상황을 반드시 기록해야 한다고 생각했습니다.

하지만 책의 구조를 변경하지 않기 위해, 국가보안법 시행 이후 홍콩에서 벌어진 일들을 "부록(Appendix)"에 작성하여 기록하기로 하였습니다.

이 부록은 중국 공산당(CCP)의 전체주의가 홍콩을 어떻게 파괴하는지를 증언하고, 그들의 잔혹한 독재 통치가 홍콩을 어떻게 무너뜨리는지 기록하는 역사적 자료가 될 것입니다.

<願榮光歸香港> (홍콩에 영광을 전합니다)

원곡: https://youtu.be/y7yRDOLCy4Y

何以 這土地 淚再流
(오, 왜 이 땅이 눈물을 흘리는 걸까요?)
何以 令眾人 亦憤慨
(왜 우리 사람들은 분노로 가득 차 있나요?)
昂首 拒默沉 吶喊聲 響透
[고개를 높이 들고 큰 소리로 외쳐라, 우리는 침묵하지
않을 것이다]
盼自由 歸於 這裡
우리는 자유가 회복되기를 갈망합니다]

何以 這恐懼 抹不走
(두려움은 파괴할 수 없다)
何以 為信念 從沒退後
(하지만 우리의 믿음도 마찬가지입니다)
何解 血在流 但邁進聲 響透
우리는 행진하면서 피를 흘립니다
建自由 光輝 香港
(밝고 자유로운 홍콩을 위하여!)

在 晰星 墜落 徬徨 午夜
환멸과 혼란 속에서
迷霧裡 最遠處 吹 來 號角 聲
[멀리서 휘파람 소리가 들려옵니다]
"捍自由 來齊集這裡 來全力抗對
["우리의 자유를 지키기 위해 최선을 다하고,"]
勇氣 智慧 也 永不滅"
[용기와 지혜로.]

黎明來到 要光復 這香港
(새벽이 밝았습니다. 자유 홍콩]
同行兒女 為正義 時代革命
우인 나, 나의 전우들이여-]
祈求 民主 與自由 萬世都 不朽
(정의와 우리 시대의 혁명을 위하여)
我願 榮光 歸香港
(영광스러운 홍콩!)

국가보안법에 따른 홍콩

2020년 6월 30일, 중국 공산당 중앙위원회 상무위원회는 베이징에서 회의를 열고 홍콩에 적용될 국가보안법을 통과시켰다. 이는 홍콩에서 국가보안법이 처음으로 시행되는 사례이다. 여기서는 세부 사항에 대해 다루지 않겠다.

홍콩판 국가보안법은 즉시 홍콩에서 시행되었으며, 이 법을 시행하기 위해 홍콩 국가안전위원회가 설립되었고, 캐리 람이 위원장으로 임명되었다. 또한, 중국 공산당 정치법률위원회의 관리들과 국가안전부가 보조 및 조율 역할을 맡았다. 중앙정부의 지침을 실행하는 중요한 기관으로서 중앙정부 연락판공실이 홍콩 경찰에게 국가보안법(NSL) 집행을 승인하였다.

'국가보안법'이 공식적으로 홍콩에서 발효되었으며, 그 영향 범위가 확대되었다. 홍콩 시민들은 빗속에서 "우리는 애플데일리를 지지한다"며 작별을 고했다.

애플데일리는 폐간되었으며, 홍콩은 언론의 자유를 잃었다.

통제 범위는 전 세계로 확장되었으며, 중국 본토 송환, 비공개 재판, 지정 판사, 종신형 등이 허용되었다. 홍콩판 국가보안법은 총 6장 66개 조항으로 구성되어 있으며, 조항의 내용이 상당히 모호하다.

'국가보안법'의 공포는 '일국양제(一國兩制)'의 종말로 간주되며, 이는 반(反)송환법(ELAB) 운동에 대한 중국 정부의 구체적인 대응책으로 평가된다. 이 법은 중앙정부와 홍콩 정부의 권한을 대폭 확대하였으며, '국가 분열', '국가 정권 전복', '테러 활동', '외국 세력과의 결탁을 통한 국가안보 위협' 등 4가지 새로운 범죄를 추가하였다. 최고 형량은 종신형이다.

또한, 이 법안은 중국 공산당 중앙위원회가 홍콩의 사법 시스템을 행정적으로 지휘할 수 있도록 허용하며, 베이징이 임명한 중국 공산당 국가안전처가 궁극적인 권력의 원천이 된다. 비공개 재판 및 중국 본토 송환이 가능하도록 허용하였으며, 그 영향력은 대만과 전 세계로 확장되었다.

이 법은 홍콩 기본법 부속서 III(Annex III)에 포함되었다. 홍콩에서 국가보안법으로 처음 체포된 인물은 지미 라이(Jimmy Lai)였다. 홍콩판 국가보안법이 제정되면서 중국 공산당이 중국 본토의 법률을 홍콩에 직접 이식한 것으로 평가되며, 이는 사

지미 라이는 홍콩에서 국가보안법에 따라 체포된 최초의 인물입니다.

실상 '홍콩과 일국양제의 종말'을 의미한다.

국가보안법(NSL) 시행 이후, 민주화 운동 지도자인 룽콴훙(梁國雄,

Leung Kwok-hung)과 탄닥치(陳德志, Tam Tak-chi) 등 여러 인사가 체포되어 수감되었다. 이는 '일국양제(一國兩制)'의 종말을 의미하며, 홍콩이 사실상 중국 본토의 일부로 변해가고 있음을 보여준다.

홍콩은 1997년 영국으로부터 중국에 반환되기 전까지 영국 정부가 구축한 핵심 가치를 지켜왔다. 그러나 국가 보안법의 시행으로 이러한 가치가 완전히 파괴되었다. 국가보안법은 홍콩에 대한 전 세계의 관심을 고조시켰으며, 국제 사회는 여러 차례 중국

국가보안법(NSL) 시행 이후, 민주화 운동 지도자인 룽콴훙과 탄닥치등 여러 인사가 체포되어 수감되었다.

공산당(CCP)에 압력을 가했지만, CCP는 이에 적극적으로 대응하지 않고 오히려 법 집행을 더욱 강화했다. 이로 인해 홍콩은 '백색 공포(White Terror)'의 도시로 변했다.

기술적으로 국가보안법은 대만과 전 세계로 그 영향을 확장할 수 있지만, 대만은 CCP의 통치를 받지 않기 때문에 실질적으로 홍콩과 중국 관할권 밖에서는 이 법을 집행할 수 없다. 하지만 국가보안법은 세계가 CCP의 권위주의적 통치를 더욱 깊이 이해하는 계기가 되었으며, 서방 국가들이 CCP의 침투에 대해 더욱 경계하도록 만들었다. 이에 따라 서방 국가들은 중국과의 관계에서 선을 긋고, CCP의 국제적 고립을 강화하는 방향으로 나아가고 있다.

또한, 국가보안법은 서방 국가들이 홍콩 시민들의 이민 정책을 완화하는 계기가 되었다. 특히, 영국은 영국 해외시민(BNO) 여권 소지자를 위한 특별 정책을 마련하여 홍콩인들이 영국으로 이주할 수 있도록 했으며, 홍콩 특별행정구 여권 소지자들 또한 이에 따라 영국으로 이주할 수 있는 길이 열렸다.

영국 해외시민(BNO) 여권 소지자는 이 여권을 통해 영국으로 이민할 수 있으며, 이후 다른 국가들도 홍콩인들의 망명 및 이민을 돕기 위해 이민 장벽을 완화했다. 미국, 호주, 캐나다, 유럽연합(EU) 등이 다양한 방법을 통해 홍콩인의 입국을 허용했고, 대만 또한 홍콩·마카오 조례 제18조에 따라 홍콩인을 수용하고 있다.

홍콩 국가보안법은 홍콩의 정치, 경제, 사회적 번영에 심각한 타격을 주었다. 자유, 민주주의, 법치와 같은 홍

1989년 6월 4일 톈안먼 사태의 희생자를 기리는 마지막 추모제가 6월 4일 홍콩에서 열렸다.

콩의 핵심 가치는 사실상 사라졌으며, 홍콩 시민들의 안전이 심각하게 위협받고 있다. 언론, 출판, 집회, 종교, 표현의 자유 등 기본적인 인권과 자유가 모두 상실되었다.

또한, 일부 구의원(District Council Member)이 사임하거나 체포되었으며, 입법회(Legislative Council) 의원들 중 일부는 제명되었다. 경찰은 반대 세력을 처벌하기 위해 다양한 방법을 동원하고 있으며, 정부를 비판하는 평화적인 집회나 단순한 발언조차 처벌 대상이 되고 있다. 많은 혐의가 불필요한 정치적 기소로 이루어지고 있다. 현재 홍콩 시민 대부분은 침묵 속에서 살아가고 있다.

홍콩에서 더 이상 진실은 존재하지 않게 되었다. 언론은 진실을 보도할 수 없으며, 본토 중국과 마찬가지로 오락 프로그램을 제외한 모든 미디어는 권력자를 선전하는 도구로 전락했다. 홍콩에서 진실을 말하는 것은 범죄로 간주되며, 이는 '국가 전복' 혐의로 확대될 수도 있다. 이러한 불필요한 기소는 종종 종신형이나 극단적인 형벌로 이어진다.

홍콩 국가보안법은 홍콩 경제에도 치명적인 타격을 입혔다. 대량의 외국 자본이 유출되었고, 인재들은 홍콩을 떠났으며, 자금이 빠져나가고 주식 시장은 폭락했다. 중국 공산당(CCP)은 홍콩의 대부호들을 경계하고 있으며, 이에 따라 일부 대형 홍콩 기업들은 자금을 해외 및 서방으로 이전했다. 홍콩이 자랑하던 '세계 3대 금융 중심지'의 지위는 다른 국가들에 의해 대체될 위기에 처했다.

중국과 미국 간의 악화된 관계는 홍콩 달러(HKD)가 미국 달러(USD)와의 페그제를 해체하는 결과를 초래할 수 있다. 인재 유출로 인해 홍콩의 국제적 위상은 급격히 추락할 것이며, 홍콩의 가장 소중한 자산이었던 금융과 인적 자원 모두 사라지게 된다. 결국, 홍콩 경제는 1960~70년대 수준으로 후퇴할 가능성이 크다.

홍콩인의 대이주: 희망과 망명 사이

반(反)송환법(ELAB) 운동 이후, 많은 홍콩 시민들은 중국에 대한 신뢰를 잃었다. 여기에 홍콩판 국가보안법이 시행되면서 모든 홍콩 시민이 위험에 처하게 되었고, 개인의 안전이 보장되지 않게 되었다. 이에 따라 홍콩에서는 빠른 속도로 이민 행렬이 이어지고 있으며, 홍콩의 미래에 대한 신뢰도 상실되었다.

영국이 BNO(영국 해외시민) 여권 소지자를 위한 비자 정책을 도입한 지 1년 만에 20만 명 이상이 홍콩을 떠나 영국으로 이주했다. 이번 이민 물결은 과거보다 몇 배나 더 크며, 자산 규모나 사회적 지위를 막론하고 많은 홍콩 시민들이 계속해서 영국으로 향하고 있다. 향후 2년 내에 100만 명 이상이

이에 따라 많은 홍콩 시민들은 영국으로의 대규모 이주(Exodus)를 선택하고 있다.

영국에서 거주할 것으로 예상된다. 필자 또한 홍콩을 떠나 영국으로 망명한 사람 중 한 명이다.

캐나다, 대만, 미국, 호주, 유럽연합(EU) 또한 홍콩에서 탈출하는 이민자들을 다수 받아들이고 있다. 2025년까지 해외로 떠난 홍콩 시민의 수는 500만 명에 이를 것으로 보이며, 일본과 한국 역시 홍콩의 전문 인력들이 선호하는 이주국이 되었다. 현재 많은 홍콩 시민들은 두 가지 선택을 강요받고 있다. 남아서 계속 살아가거나, 싸우다 체포되거나, 혹은 이민과 망명을 선택하는 것이다.

반(反)송환법 운동에 참여했던 200만 명 이상의 시민들과 그 가족까지 합치면, 약 300만 명이 이 문제의 영향을 받고 있다. 그들의 선택은 홍콩에 남아 감옥을 각오하거나, 해외로 망명하는 것뿐이다.

홍콩판 국가보안법 하에서 많은 민주주의 운동가와 시위 참가자들이 체포되었다. 이들 중에는 지미 라이(Jimmy Lai), 리척얀(Lee Cheuk-yan), 차우항텅(Tonyee Chow), 앨버트 호(Albert Ho), 조슈아 웡(Joshua Wong), 배니(이름 미상) 등이 포함되어 있다.

홍콩 국가보안법과 민주 단체의 해체

홍콩에서 국가보안법(NSL)이 시행된 이후, 민주주의 운동가들과 시위 참가자들이 대거 체포되었다. 이들 중 일부는 이미 수감 중이며, 민주 인사 및 시위 참가자들의 별도 명단이 존재한다.

과거 홍콩에서 민주주의와 인권을 위해 활동해 온 단체들은 강제로 해산당했다. 이들은 오랫동안 홍콩 시민을 위해 봉사해 온 조직들이었으며, 그중 일부는 다음과 같다.

- 홍콩 전문교사연맹(Hong Kong Professional Teachers' Union)
- 홍콩노총(Hong Kong Confederation of Trade Unions)
- 민간인권진선(Civil Human Rights Front)
- 홍콩 IT 노동자연맹(Hong Kong Information Technology Workers Union)
- 중국 애국 민주운동 지원연합(Hong Kong Alliance in Support of Patriotic Democratic Movement of China)
- 민간열정(Civil Passion)
- 홍콩목회자네트워크(Hong Kong Pastoral Network)
- 612 인도주의 구제기금(612 Humanitarian Relief Fund)

- 중국인권변호사 관심조직(China Human Rights Lawyers Concern Group)
- 진정한 민주주의 연맹(Alliance for True Democracy)
- 핀테크 전문인력 노조(Financial Technology Professional Services Personnel Union)
- 학생전선연합(Student Front Union)
- 홍콩 교육자연맹(Hong Kong Educators Alliance)
- 민주연맹(Democratic Alliance)
- 민주주의 관찰단(Democracy Observation)
- 우산 부모회(Umbrella Parents)
- 진보적 변호사 그룹(Progressive Lawyers Group)
- 넥스트 디지털(Next Digital Ltd.)
- 애플데일리(Apple Daily Ltd.)
- 라이스 뉴스(Rice News)
- 의료 인권단체 Médecins Inspirés
- 프런트라인 닥터 연맹(Frontline Doctors Union)
- 신민주(New Democrats)
- 에클레시아 홍콩(Ekklesia Hong Kong)
- 북구 좋은 이웃 교회(North District Good Neighbours Church)
- 민주 18구 네트워크 연합(Democrats 18 District Network Link)
- 포스트852(Post852)
- 홍콩 시민집회팀(Hong Kong Civil Assembly Team)
- 민주주의를 위한 힘(Power for Democracy)
- 신시민연합(Union for New Civil)

홍콩에서는 국가보안
법 시행 이후 최소 49개
의 단체가 해산되었다.
이는 홍콩의 민주주의,
인권, 시민사회를 보호
하는 조직들이 사라졌음
을 의미하며, 홍콩 사회
의 자유와 다양성이 크게 위축된 상황을 보여준다.

최루탄 속의 종교 단체들, 홍콩 기독교 애국 민주운동(Hong Kong Christian Patriotic Democratic Movement Ltd.) 등 49개의 단체와 교회, 언론사가 강제로 해산되었다.

홍콩판 국가보안법
(NSL)에 의해 대부분
의 정치 단체와 노동
조합이 탄압받고 있
는 상황에서, 교회들
또한 박해의 대상이
될 것이 분명하다. 이
미 두 개의 교회가 강

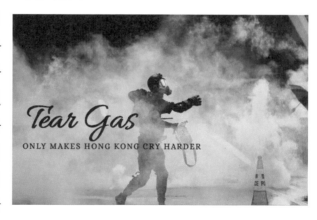

제 폐쇄되고 해산되었다.

우리는 언젠가 홍콩의 민주주의와 정의를 위해 감옥에 갇힌 모든 사람들의 명단을 완성할 수 있기를 바란다. 그들을 위해 기도해 주기를 희망한다.

잘 있어, 홍콩!

홍콩의 해방과 민주주의를 향한 희망

마지막으로, 홍콩 시민들에게 계속해서 싸워나갈 것을 격려합니다. 표면적으로는 우리가 실패한 것처럼 보일 수 있고, 홍콩이 죽은 것처럼 보일 수도 있습니다. 하지만 우리의 마음이 죽지 않는 한, 우리는 여전히 싸울 수 있습니다. 실망하지 말고, 희망을 잃지 마십시오.

지금 어디에 있든, 어느 나라에 있든, 우리는 계속해서 싸우고 우리의 신념을 지켜야 합니다. 이 시대를 뒤흔든 혁명을 잊지 말고, 홍콩은 반드시 해방될 것이며, 다시 민주주의를 되찾을 것입니다!

입법회에서 맺은 모든 이들의 약속을 기억하십시오!

우리는 다시 만나게 될 것입니다. 시대 혁명, 홍콩 해방!

홍콩은 죽었다. (1841-2020)

마지막으로, 우리는 홍콩 시민들이 계속해서 노력해 주시길 격려
합니다. 겉으로 보기에는 우리가 실패한 것처럼 보일 수 있고,
홍콩은 죽은 것처럼 보일 수 있지만, 우리의 마음이 죽지 않는
한 우리는 계속 싸울 자신이 있으며 낙심하지 않습니다.
지금 여러분이 어느 나라, 어느 곳에 있든 우리는 계속해서
싸우고 우리의 입장을 지켜야 합니다. 이 격렬했던 시대의 혁명을
잊지 마세요.
홍콩은 반드시 해방되고 다시 민주주의를 되찾을 것입니다!
입법회에서의 모두의 약속을 기억하세요!
다시 냄비 밑바닥에서 만납시다.

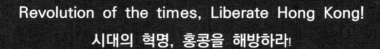

Revolution of the times, Liberate Hong Kong!
시대의 혁명, 홍콩을 해방하라!

공산 폭정에 맞선 투쟁
그들을 기억하고 기도합시다

그들은 홍콩의 정의와 자유를 위해 싸웠기에 감옥에 갇혔습니다.
그들을 기억하고, 지원하며, 함께 연대합시다!

수감된 홍콩 민주 인사들

지미 라이, 우치와이 리척런, 토니 차우(F) 알버트 호, 조슈아 웡, 배니 타이 교수, 지미 샴, 레스터 슘, 에디 추 탐탁치, 제레미 탐, 앤드류 치우, 람 척팅, 앤드류 완, 벤투스 라우, 렁궈흥(긴 머리), 만춘만 루이산영, 완이싱, 존, 제이, 클랜시, 오녹힌힌, 벤충, 앤디 추이, 클랜시아 모(F), 티파니 위안(F), 퍼거스 렁, 응징항, 프랭키 펑, 네이선 라우, 샘 청, 왕자 웡(F), 응징웨이, 궈카기 박사, 앨빈 융, 에이미 버트(F), 탐 호이퐁, 게리 팬, 헨리 웡, 초슈아이 선, 청김흥, 라이언 로, 융칭케이, 찬푸이만(F), 람 만충, 오만, 찬회영, 소윙칭(F), 에드워드 렁, 위안카이하이, 최왕킷, 완초와이(F), 랑융, 장쩌우, 곽만하이, 론 라이(F), 멜로디 융(F), 시드니 응잉(F), 사무엘 찬푸이(F), 캠코, 르엉, 왕오, 왕오워

수감자들 나이 15-80세 사이

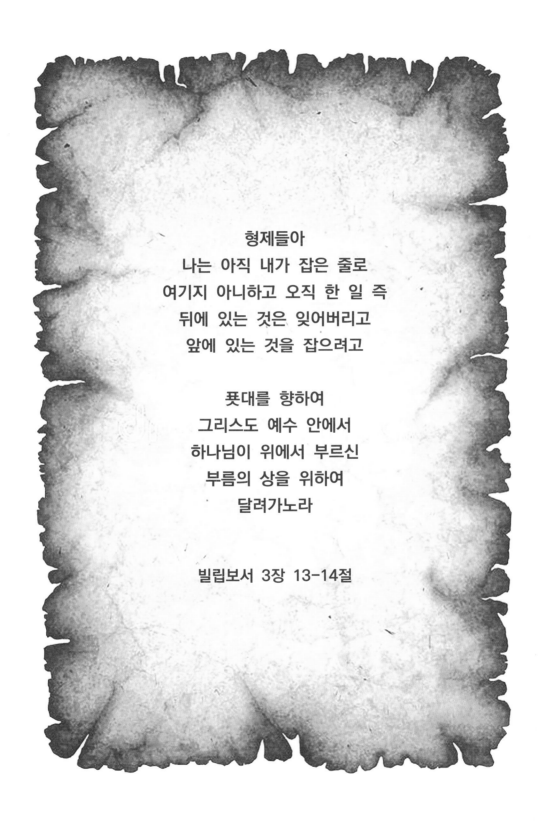

형제들아
나는 아직 내가 잡은 줄로
여기지 아니하고 오직 한 일 즉
뒤에 있는 것은 잊어버리고
앞에 있는 것을 잡으려고

푯대를 향하여
그리스도 예수 안에서
하나님이 위에서 부르신
부름의 상을 위하여
달려가노라

빌립보서 3장 13-14절

데이터 또는 정보출처

이 책은 저자의 현장 경험뿐만 아니라, 다양한 웹사이트 및 미디어에서 공개적으로 제공된 자료와 일부 시민들이 기증한 자료를 참고하여 작성되었습니다.

참고 자료 출처

- 신문 : 홍콩 명보(Ming Pao), 성보(Sing Pao), 애플 데일리(Apple Daily), 에포크 타임스(Epoch Times), 입장 뉴스(Stand News), 타임스 포럼(Times Forum)
- 텔레비전 : 홍콩 공영 방송국(Hong Kong Radio Television Department), 케이블 TV(Cable TV), NOW TV, NTDTV
- 라디오 방송국 : 자유아시아방송(Radio Free Asia), 홍콩 라디오 (Radio Hong Kong)
- 웹사이트 : YouTube.com, BBC.com, master-insight.com, supermadia. com, Umedia.World, hkcnews.com, hk01.com, post852.com, rfi.fr, news.1tn.com.tw, cw.com.tw, nytimes.com, udn.com, philomedium.com, Storm.mg, peoplenews.com.tw, unmedia.mg
- 사이트 정보 제공: Wikipedia, Wikimedia Foundation

위의 출처들은 참고용으로만 사용되었습니다.

책의 내용은 저자가 직접 수집, 가공, 작성한 자료를 바탕으로 하였으며, 홍콩 시민들의 자발적인 기부를 통해 제공된 정보를 포함하고 있습니다.

출판 및 목적

이 책은 홍콩 기독교 중국인 사역 교회(Hong Kong Christian Church of Chinese Ministry) 출판부에서 출판하였으며, 해당 교회는 홍콩 정부에 등록된 비영리 자선단체입니다. 현재 영국(UK)에서도 공식 등록을 마친 상태입니다.

이 책은 비영리 목적으로 출판되었습니다.

책의 판매 수익은 비용 및 운영 경비를 제외한 전액이 홍콩 내 인도적 지원 활동, 교회 사역, 그리고 영국에 거주하는 홍콩인들을 돕는 활동에 사용될 예정입니다.

이 출판 계획은 **홍콩 기독교 중국인 사역 교회(Christian Church of Chinese Ministry)**와 **국제 천랑 선교회(International Tin Lang Ministry)**가 공동 기획 및 실행하였습니다.

국제 천랑 선교회는 홍콩 사회복지협회(Hong Kong Council of Social Service)에 등록된 홍콩의 공식 자선단체입니다.

따라서, 이 책의 저자는 각계각층의 사람들과 기업 단체들이 이 자선 및 인도적 지원 활동을 도울 것을 호소합니다.

■ 저자 필립 우 박사 (AGNI WOO) 소개

필립 우 박사는 상하이에서 태어나 홍콩에서 성장했습니다. 그는 2020년에 "Fighting Against Tyranny"라는 책을 저술한 작가입니다. 1990년에는 루터교 신학교를 졸업했으며, 1999년에는 목사로 서품을 받았습니다. 2010년에는 미국의 Everlasting Chip Ministry University에서 신학 박사 학위를 취득했습니다.

필립 우 박사는 1990년에 "중국 복음 선교 협회"를 설립했으며, 이 조직에서 18년 이상 CEO로서 활동했습니다. 그는 홍콩의 다양한 장소에서 12개의 콘서트와 전시회를 조직했습니다. 콘서트의 주제는 다양했으며, 그 중 2008년 쓰촨 대지진과 관련된 오페라와 전시회가 2009년에 홍콩의 샤틴 시청에서 열렸습니다. 이 전시회와 오페라는 그가 쓴 "Disaster and Blessing"이라는 책과 관련이 있습니다.

2009년, 그는 두 번째 비정부기구인 "International Tin Lang Ministry"를 설립했으며, 이 기관은 홍콩 사회 서비스 위원회의 회원이자 등록된 자선 단체입니다. 이 기관의 목표는 자유를 위한 투쟁과 권리 옹호입니다.

2016년에는 현대 역사 협회에서 중국 문화 운동 50주년 기념 전시회의 위원장으로 임명되었으며, 홍콩의 18개 지역에서 순회 전시회를 개최했습니다. 모든 전시회 내용과 디자인은 필립 우 박사가 감독했습니다.

그는 25년 이상 두 개의 NGO에서 CEO로 임명되어 프로젝트 관리 및 혁신적인 사회 서비스와 프로젝트 개발에 풍부한 경험을 쌓았습니다. 또한 NGO의 행정 및 조직 개발에도 경험이 많습니다. 그는 인도네시아, 필리핀, 대만, 쓰촨 등 아시아 국가에서 재해 구호 활동을 했으며, 남아시아 쓰나미, 중동 강진, 대규모 홍수 지역에 대한 국가적 재해 구호 프로젝트에도 참여했습니다.

필립 우 박사는 미국과 캐나다의 다양한 교회를 방문하여 중국 교회의 상황을 공유했으며, 특히 박해받고 있는 중국 교회에 대해 깊은 관심을 가지고 있습니다. 중국에서 많은 목사와 사역자들이 감옥에 갇히고, 수만 개의 십자가가 철거되는 등 교회에 대한 박해가 심각하다는 내용을 전했습니다. 중국 정부는 예배와 교제, 주일학교를 금지하고 있으며, 삼자교회는 공산주의와 사회주의 메시지를 전달합니다. 이는 중국 교회에서 종교의 자유가 없음을 의미합니다.

2019년 "범죄인 인도 법안 반대 운동" 이후, 홍콩 사회와 교회는 자유를 잃었습니다. 홍콩 사람들은 언론의 자유, 집회, 시위 등 모든 자유를 상실했으며, 그 뒤를 이어 종교의 자유마저 박탈되었습니다. 예를 들어, 홍콩의 "봄 교회"는 2021년 7월 1일 이전에 해체될 예정입니다. 그 이후에는 많은 교회들이 해체될 것입니다. 삼자교회는 홍콩으로 이동할 예정이며, 대부분의 목사들은 국가안보법에 따라 체포될 것입니다. 홍콩에서는 큰 박해가 일어날 것으로 예상됩니다. 홍콩 교회와 중국 교회를 위해 기도해 주세요.

"Apple Daily"가 폐쇄된 후, 일부 미디어와 신문도 폐쇄되거나 변화를 겪고 있습니다. 이제 홍콩에서는 언론의 자유도 사라졌습니다. "Fighting Against Tyranny"라는 책은 출판 및 판매가 금지되었습니다. 국가안전법 아래에서 이 책은 금서로 취급되며, 필립 우 박사가 저자입니다. 그러나 우리는 홍콩에서 자유를 위해 싸울 것입니다. 그리고 홍콩과 중국에서 종교의 자유가 금지될 것이며, 많은 홍콩 신자들이 박해를 받을 것입니다. 중국에서 감옥에 갇힌 목사와 사역자들을 위해 기도해 주세요.

필립 우 박사는 중국과 홍콩의 교회 박해에 대해 여러분의 교회에서 공유할 수 있기를 바랍니다. 그들을 돌보고, 그들의 고통을 덜어주기를 희망합니다. 하나님이 그들과 여러분을 축복하시기를 바랍니다.

2021년 7월 3일
필립 우 박사

감사 인사

우리는 먼저 이 운동에 참여하여 헌신해 주신 의로운 시위대와 투사들, 평화와 비폭력을 지키는 사람들, 의료진, 기자, 변호사, 교사, 교장, 사회복지사, 목사와 전도사, 주교와 사제 여러분께 깊은 감사를 드립니다. 그들은 때로는 자신의 생명과 피를 바쳐가며 싸워왔습니다.

이 운동은 많은 형제자매들에게 큰 유익을 주었습니다. 그러나 우리는 멈출 수 없습니다. 이 운동은 아직 끝나지 않았으며, 우리는 후퇴할 수도, 물러설 수도 없습니다.

홍콩의 시민들은 이 시대의 혁명에 참여하고 있으며, 홍콩은 반드시 해방되어야 합니다.

폭정이라는 거대한 벽 앞에서 우리는 달걀과 같은 존재일지라도 결코 두려워하지 않습니다. 우리는 승리할 것입니다. 우리의 투쟁은 반드시 승리할 것이라고 믿습니다.

다시한번 중국으로의 송환 금지 운동으로 촉발된 시대의 혁명에 용기있게 참여해 주신 모든 홍콩 국민 여러분께 감사드립니다!

그리고 출판위원회를 통해 자료와 사진 제공, 인쇄비 지원 등 이 책을 지지해 주신 모든 분들께 감사드립니다. 이 책을 집필하기 위해 노력해 주신 저자와 번역가 여러분께도 감사드립니다. 교정과 홍보 등 이 책의 출판에 참여해 주신 직원분들께도 감사드립니다. 이 책은 다양한 언어로 출판될 예정입니다.

마지막으로, "범죄인 인도법 반대(No Extradition to China)" 운동을 통해 촉발된 이 시대의 혁명에 용기 있게 참여한 홍콩 시민들께 감사드립니다. 우리는 끝까지 인내하며, 함께 나아갈 것입니다.

이 폭정에 맞서 끝까지 함께 싸웁시다!
하나님께서 홍콩의 국민들을 인도하시기를!

불굴의 행진

作曲: thomas dgx yhl
作詞 (中文): thomas dgx yhl, lk, 青椒幫, 眾連登仔

A1
來同行 看見鷹
우리와 함께 행진하세요, 사기꾼 여러분은 느낍니다
大地上 不屈的心
단 하나뿐인 마음의 투표
告眾戰士 即俠殷屋
박차를 가할까요? no의 위험을 두려워하고, 싸우고,
也靠力 來驅走 暮陰
어두운 황혼을 제거하세요.

A2
在黎明前 你聽見鷹
다운되기 전에, 들리지 않는 사기꾼
星海霧下 踏鳴訊聲
안개 속에서 울려 퍼지는 큰 소리
告眾弟妹 不屈的你
불을 퍼뜨리는 건가요? 영혼을 굽히지 마세요,
員照亮明天的香港
홍콩을 빛나게 해주세요.

C1
為大義 來一起圍抗戰
정의로운 싸움을 시작하기 위해 행진합니다:
讓熱淚 和鮮血 沒白抻
피 한 방울과 눈물의 주문을 낭비하지 마세요:
銘記 眾同伴飯與 約誓
우리가 잃어버린 것의 의지를 잊지 마세요.

C2
願榮代 仍忑守這香港
이 영혼을 아우르 생명으로 지키기를 바랍니다:
願我城 能屹倘依這城
우리의 꿈이 항콩을 위한 벽돌이 되기를 바랍니다:
在 黎朋站立 共建聯
우뚝 서고, 우리 손을 잡고, 밝은 사슬 하나를 만들어 보세요:
其此義 歸還吧
정의가 당신에게 있기를 바랍니다.

출판 및 저작권 정보

이 책은 The Self-Publishing Partnership Ltd.의 라이선스 하에 출판되었습니다.
주소 : 10b Greenway Farm, Bath Rd, Wick, nr. Bath BS30 5RL, 영국
웹사이트 : www.selfpublishingpartnership.co.uk

표지 디자인 : 케빈 라일랜즈 (Kevin Rylands)
사진 제공 : 열정적인 홍콩 시민들
번역: Pong Corporation Limited, 영국 (1장 ~ 30장)

이 책은 영국에서 인쇄 및 제본되었습니다.
FSC 인증 종이에 인쇄되었습니다.

중국 선교 복음교회(Evangelical Church of Chinese Mission)는 영국과 웨일스에서 사회적 기업(Community Interest Company) 등록 절차를 진행 중입니다.
이 책의 판매 수익은 자선 활동 및 홍콩 커뮤니티를 위한 교회와 선교 활동을 지원하는 데 사용됩니다.
전 세계의 홍콩인들을 위한 사역과 공동체 지원을 위해 사용됩니다.

FSC 인증 번호: FSC® C013604
종이: 책임 있는 공급처에서 조달된 혼합(MIX) 종이 사용
www.fsc.org

공산 폭정에 맞선 투쟁   값 15,000원

인 쇄 : 2025년 4월 20일

발행일 : 2025년 4월 25일

저 자 : 김 혜 연 (번역)

발행처 : 도서출판 영상복음

주 소 : 서울시 종로구 사직로 6길 16 1층 (신문로 2가)

전 화 : 010-3949-0209

ISBN 979-11-94870-00-5

저자 연락처 : 010-5789-3721